T0285679

Recupera tu cuerpo

Suzanne Scurlock-Durana

Recupera tu cuerpo

Cómo sanar el trauma y despertar
la sabiduría de tu cuerpo

Título original: *Reclaiming your body*
© 2017 Suzanne Scurlock-Durana

© Ediciones Kōan, s.l., 2024
c/ Mar Tirrena, 5, 08912 Badalona
www.koanlibros.com • info@koanlibros.com
ISBN: 978-84-18223-97-6 • Depósito legal: B-10699-2024
© de la traducción del inglés, Amanda García, 2023
Diseño de cubierta: Víctor Riba Campi
Maquetación: Cuqui Puig
Exploraciones guiadas narradas por: Carolina Joos

Impresión y encuadernación: Romanyà Valls
Impreso en España / *Printed in Spain*

Todos los derechos reservados.
Cualquier forma de reproducción, distribución, comunicación
pública o transformación de esta obra solo puede ser realizada
con la autorización de sus titulares, salvo excepción prevista
por la ley. Diríjase a CEDRO (Centro Español de Derechos
Reprográficos, www.cedro.org) si necesita fotocopiar
o escanear algún fragmento de esta obra.

1ª edición, mayo de 2024

A mi madre, Mary Jane, por su espíritu indomable
y su amor a la vida

Índice

Prólogo

La información contenida en este libro surgió hace más de tres décadas a partir de mi propia sanación y de la exploración que llevé a cabo para facilitarla. Durante todo este tiempo he practicado e impartido la terapia craneosacral (TCS), que es una técnica manual suave, en sus inicios ejercida únicamente por osteópatas, pero que ahora se enseña y es practicada por una amplia variedad de profesionales de la salud. Después de formarme con el doctor John Upledger, mi mentor, he brindado cursos para el Instituto Upledger desde 1986. En el capítulo 11 narro la historia de cómo descubrí esta técnica y aprendí a aplicarla.

La terapia craneosacral se sirve del tacto ligero para conectar con el potencial curativo y la sabiduría del cuerpo a través de una serie de liberaciones físicas y emocionales. Durante la sesión se movilizan los huesos y las membranas del cerebro y de la médula espinal.

La terapia craneosacral curó mi dolor crónico y me inspiró la misión de continuar indagando en las formas de restablecer, de forma auténtica, la amistad con el propio cuerpo. En mi proceso de sanación, tantos años atrás, descubrí que mis células almacenaban una sabiduría que estaba esperando a ser escuchada. Y eso es lo que he hecho: escuchar, cada vez de forma más íntima, todas las partes de mi ser. Al utilizar la sabiduría de mi cuerpo —escuchando y permaneciendo presente en mi corazón, mi intestino, mi pelvis y mis huesos, en busca de guía y de curación— fui desarrollando un programa que denomino «Sanación desde el interior» (*Healing from the Core*, HFC), con la intención de compartir esta experiencia y sabiduría corporal internas.

Todas las historias contenidas en este libro son ejemplos reales de cómo opera la inteligencia celular, que se despierta gracias al trabajo que realizo de HFC solo o en combinación con la terapia craneosacral.

Creo firmemente en esta terapia. Estoy convencida de que, si decides darle una oportunidad, comprenderás lo revolucionaria que es. No me cabe ninguna duda, ni en mi mente ni en mi cuerpo, de su validez y eficacia.

Sin embargo, en nuestra cultura no es tan fácil ver lo que algunas personas consideramos evidente. Todos los avances en la investigación sobre el cerebro y el trauma que describiré más adelante se consideraban una herejía hace menos de veinte años. Cuando enseño este trabajo ante un nuevo grupo de profesionales, a menudo doy por sentado que la gente conoce y entiende la sabiduría de su cuerpo, y no deja de sorprenderme que pasen por alto algo que para mí es tan sencillo y obvio.

La buena noticia es que en la actualidad la gente ya comprende los conceptos principales. Entienden por qué podría ser deseable el hecho de estar arraigados y centrados, y saben que estas ideas cobran vida con el yoga y la meditación. *Presencia* es una palabra que está muy de moda en el mundo del *coaching* y la psicoterapia, y nuestra conciencia de estar en el momento presente ha aumentado mucho desde que Ram Dass nos lo señaló hace algunas décadas. Mi propio trabajo de sanación y las exploraciones expuestas en este libro están basados en estos conceptos.

A pesar de todo esto, hay mucha gente que nunca lo ha experimentado en verdad, y este libro está totalmente basado en la experiencia, es decir, la vivencia directa de la presencia corporal plena y la sabiduría del cuerpo: cómo se siente, se saborea, se huele y se ve. Más allá de nuestros cinco sentidos, es también la inefable experiencia de estar simplemente vivos, la cual abarca nuestro cuerpo, mente y espíritu. Muchas personas ni siquiera se dan cuenta de lo que se están perdiendo. Sin embargo, si no estamos presentes en nuestro cuerpo, nuestra experiencia no puede ser la misma: estará seriamente limitada. Es como un edificio que carece de unos cimientos sólidos. Mi esperanza es que este libro te pueda ayudar a construir esos cimientos.

Cómo utilizar este libro

Este libro tiene como objetivo que te familiarices y reconectes con tu cuerpo y su lenguaje único, de manera que puedas acceder al tesoro de tu sabiduría corporal, bloqueado por traumas y creencias limitantes.

Nuestro cuerpo está diseñado para guiarnos, procurarnos seguridad y plena vitalidad y placer. Es un «sistema de navegación» que, cuando funciona en condiciones óptimas, nos permite tomar decisiones más conscientes y sabias. Por eso, los primeros capítulos abordan las causas por las cuales nos desconectamos del cuerpo y el funcionamiento de nuestro sistema de navegación interno se deteriora.

A continuación encontraremos tres prácticas destinadas a despertar nuestra conciencia corporal, habitar plenamente nuestro cuerpo y detectar en qué zonas específicas de nuestro cuerpo experimentamos una resistencia o desconexión. Estas prácticas se llaman «exploraciones», y consisten en meditaciones guiadas que puedes escuchar o leer, según lo prefieras.

El libro traza luego un mapa de las distintas «áreas de sabiduría» de nuestro cuerpo. Cada una cuenta con una exploración específica: tomadas en su conjunto, sirven para combinar las sensaciones del corazón, de la región del abdomen, de la pelvis, de las piernas y los pies, de los huesos y del cerebro, dentro de un único sistema unificado, integrado y poderoso: tú.

El último capítulo nos propone un desafío práctico: un reto de 28 días para apoyar sistemáticamente tu crecimiento interior y sumergirte en tu paisaje interno de una manera más profunda.

El libro cuenta con una sección de conceptos clave, un breve resumen de cada área de sabiduría de nuestro cuerpo, un índice de audios y un apartado de recursos a los que puedes recurrir siempre que lo necesites, además del índice analítico.

Es aconsejable realizar una primera lectura integral del libro para obtener una visión general de esta propuesta y, posteriormente, concentrarse en aquellas áreas que más necesitan nuestra atención o que nos despiertan un interés especial.

1

Las respuestas se encuentran en el interior

Comienza el viaje

He sido y sigo siendo un buscador, pero he dejado de consultar a las estrellas y los libros he comenzado a escuchar las enseñanzas que mi sangre me susurra.

HERMAN HESSE

En comparación con lo que deberíamos ser, estamos solo medio despiertos. Nuestros fuegos están sofocados, nuestras corrientes de aire están contenidas. Estamos haciendo uso solamente de una pequeña parte de nuestros posibles recursos físicos y mentales.

WILLIAM JAMES

El cuerpo tiene su propio lenguaje, que es más antiguo y elemental de lo que la mayoría de nosotros puede llegar a entender. Nuestro cuerpo nos habla a través de las sensaciones, las percepciones, las emociones y una sabiduría interna que está más allá de las palabras. ¿Has tenido alguna vez una duda irritante que te ha estado rondando durante días, un ligero dolor en la pierna que nunca se va o una pesadez en el corazón que podría significar tanto «Necesito llamar a mi madre» como «¿Debería llamar a mi doctora?». Este libro te ayudará a comprender lo que estas sensaciones significan y cómo responder a ellas.

Los modismos comunes, esas pequeñas expresiones cotidianas que solemos utilizar, a menudo capturan destellos de esta sabiduría corporal. Por ejemplo, cuando decimos «Mi corazón está contigo», es obvio que no lo hacemos de manera literal. Es una forma de hablar que significa «siento empatía por ti y me quiero acercar para conectarme contigo». No obstante, cuando escuchas o lees esas palabras, ¿cómo te hacen sentir? Cuando pienso «Mi corazón está contigo», siento una ráfaga de calor en el pecho y me siento más distendida. Mi pecho se expande mientras contemplo cómo mi corazón envuelve energéticamente a alguien que lo necesita.

La mayoría de las personas aprendemos a desconectar este sistema de guía interior compuesto de sensaciones, representaciones mentales y conocimientos profundos a una edad muy temprana. Los traumas de la vida nos impiden acceder a la sabiduría de nuestro cuerpo. Lo que es peor, a medida que nuestra cultura se acelera y se vuelve más tecnológica, el tesoro de nuestra sabiduría corporal se va perdiendo. Como resultado, podemos tambalearnos a la hora de tomar decisiones, permanecer en situaciones peligrosas o lejanas de las ideales, y terminar viviendo una vida que no es realmente la nuestra, mientras nuestro cuerpo insiste en señalarnos las respuestas y las soluciones que buscamos.

¡Ha llegado el momento de que comencemos a escucharlo! Este libro trata de recuperar este sistema que está presente dentro de cada uno de nosotros y que espera pacientemente a ser escuchado.

Los comienzos de mi desconexión

Cuando era niña me sentía conectada con mi cuerpo. Correteaba por la hierba, trepaba a los árboles, construía fortalezas y jugaba al aire libre todos los días hasta el anochecer. Mi corazón se sentía tan grande como el cielo y la vida me conmovía profundamente.

Un cálido día de otoño, cuando tenía casi cuatro años, vi a un perro que merodeaba por nuestro patio delantero. Sentí un vínculo inmediato con esta criatura de pelo suave y dorado. Era como si nos hubiéramos conocido desde siempre. Lo abracé mientras rodábamos por la hierba y nos acurrucamos juntos durante horas. Estaba segura de que este maravilloso ser de cuatro patas iba a ser mi amigo para toda la vida.

Cuando lo metí en casa para compartir mi emoción, mis padres me advirtieron que no podía quedármelo. El perro, con toda seguridad, debía de pertenecer a otra persona, y teníamos que encontrarla.

¡Fue una gran decepción! Lloré tan fuerte que casi no podía respirar. ¿Acaso no veían lo profundamente conectados que estábamos? ¿Cómo podían separarme de mi viejo amigo recién descubierto? Todavía recuerdo la calidez de sus ojos y la profunda conexión emocional que compartimos a nivel del corazón. Esta experiencia envió el mensaje de que tales conexiones no eran importantes. Aquel día se vio mermada mi capacidad natural para la alegría y la exuberancia.

Poco después, siendo la mayor de tres hermanos, me mandaron a la guardería a la edad de cuatro años, antes de que estuviera emocionalmente preparada. En mi primer día en aquel enorme edificio viejo y oscuro, mi madre me aseguró que si no me gustaba, me estaría esperando fuera para llevarme a casa.

A los diez minutos de estar en el aula, mientras miraba el rostro adusto y nada sonriente de la señorita Hoyberger, supe, en lo más profundo de mí, que no pertenecía a ese lugar. Ese mundo me pareció confinado, árido y reglamentado. Me escabullí silenciosamente hacia el armario y luego salí por la puerta del aula. Corrí por el pasillo en busca de mi madre. La puerta exterior era tan pesada que necesité todas mis fuerzas para abrirla, pero estaba decidida a hacerlo.

Una vez afuera, fue devastador descubrir que mi madre se había ido sin mí. Justo en aquel momento, la señorita Hoyberger me agarró por detrás y me condujo con severidad de vuelta a la clase, de la que ya no hubo modo de escapar. Aquel día aprendí a contener mis lágrimas y mi sensación de agobio para poder encajar. A medida que fui creciendo, comencé a cerrar otras partes de mí con el fin de crear un personaje complaciente y aceptable para mi familia y mis maestros.

Mi miedo a intentar cosas nuevas se convirtió en un patrón que me acompañó durante décadas. En el instituto me di cuenta de que, una vez empezaba un proyecto, todo iba bien. Sin embargo, durante las semanas anteriores a comenzarlo, sentía una ansiedad capaz de paralizarme mentalmente.

Otro mensaje que había internalizado era que si tropezaba, nadie iba a estar ahí para sujetarme. Por lo tanto, solo podía depender realmente de mí misma. Esta creencia me hizo más fuerte y autosuficiente, pero me resultaba difícil abrirme a otras personas, porque entendía mi vulnerabilidad como una carga, algo que no había que mostrar. Era muy lista y observadora. Aprendí que cuando ponía mis necesidades en último lugar y cuidaba de todos los demás primero, conseguía aprobación y amor. Aprendí a valorar mi mente juiciosa y racional más que los sentimientos y sensaciones de mi cuerpo.

Mi madre era la típica buena esposa de la década de 1950, de aquellas que estaban supeditadas a su marido. Mi padre, pastor baptista, era un hombre bondadoso y un pensador profundo, un orador excelente y muy querido por su congregación. Elegí como modelo a mi padre, la figura parental que tenía todo el poder. No quería ser como mi madre. En el proceso, no me di cuenta de que, poco a poco, me estaba distanciando de mi auténtico ser.

Recuerdo que, en otra ocasión, a la edad de seis años, la punta de mi dedo meñique derecho quedó aplastada en la cadena del columpio de nuestro patio trasero. Entré corriendo en la casa, gritando a pleno pulmón. La sangre brotaba por el extremo del dedo. Rápidamente, mi padre limpió la herida, la envolvió con suavidad en una gasa y la vendó con cuidado. Luego me hizo saber, sosegadamente, que tenía que dejar de llorar: así de sencillo. ¡Aspiraba tanto a ser la persona que mi padre quería que fuera! Me dolía el dedo horriblemente, pero sabía que si quería complacerlo necesitaba ocultar mi dolor y dejar de llorar. Así que lo hice.

Teniendo en cuenta todo esto, no me sorprende mirar atrás y ver que, para cuando llegué a la adolescencia, vivía detrás de muros invisibles, firmemente protegida de cualquier cosa que pensara que podía hacerme algún daño.

21

Rara vez lloraba, y lo hacía únicamente cuando estaba sola. Me veía a mí misma como una roca inquebrantable, un lugar de seguridad y fuerza para todo el que me necesitara. La gente me quería por mi forma responsable de cuidar a los demás, mientras yo, dentro de mí, me sentía anestesiada y confundida. La ternura de mi corazón no era visible y mucho menos palpable. Intentaba constantemente complacer a todo el mundo.

La mía es una historia bastante común. Mis traumas, en términos relativos, no han sido muy grandes. Algunos no podrían ni siquiera considerarse traumas. De hecho, en mis cursos y sesiones terapéuticas he escuchado el testimonio de amistades y clientes que han vivido experiencias mucho peores.

Aun así, el trauma es una experiencia subjetiva. No deberíamos juzgar nuestros traumas como grandes o pequeños por comparación con la experiencia de otra persona. Ni siquiera los médicos pueden conocer el impacto emocional de las experiencias de sus pacientes, ni cómo estas se almacenan en su sistema.

En los cursos que imparto a nivel internacional, suelo preguntar a mis alumnos cuántos consideran que su empatía y sensibilidad ante la vida es una ventaja. Muy pocas manos se alzan. La mayoría consideramos que nuestras habilidades empáticas son una carga, no una ventaja. Pocas personas se dan cuenta de que esta capacidad interna para sentir la vida es una parte integrante de nuestra humanidad y nos permite desplegar nuestro potencial plenamente. Lo que entiendo por empatía saludable es la capacidad para sentir nuestro cuerpo, nuestras emociones, y ponernos en el lugar de otra persona sin adjudicarnos sus conflictos como si fueran propios.

Irónicamente, a pesar de nuestra preocupación por los demás y de nuestras respuestas empáticas, cuando creamos demasiadas barreras entre el mundo y nosotros para protegernos, nos debilitamos. No somos conscientes de que estos muros que en ocasiones nos resguardan del dolor vital también nos separan de lo jugoso de la vida, de nuestra creatividad y de nuestra alegría, así como de la sabiduría que nos ayuda a cuidar de nosotros mismos.

Una noche húmeda y calurosa de verano, cuando tenía diecisiete años, recibí una llamada de atención que cambió el rumbo de mi vida de una manera fundamental. Era una típica noche de verano en Virginia. El aire se sentía denso y pesado. Yo estaba en una fiesta en el vecindario. Mi amigo John me preguntó si podíamos ir a algún otro sitio para hablar. Me pareció que la petición era un poco rara, pero supuse que necesitaba un consejo fraternal.

John era un amigo de toda la vida, una persona cariñosa, tan tierna como un oso de peluche. Nos sentamos en la parte delantera de su coche, fuera de la fiesta, y estábamos manteniendo una conversación normal de adolescentes, simplemente pasando el rato. Mientras hablábamos, empecé a sentir una incomodidad extraña, pero perceptible, en mi estómago. Esta sensación no era una respuesta al tono de su voz ni al tema de conversación y, aun así, ese desasosiego continuó durante más de media hora.

Mis pensamientos me estaban diciendo que no era razonable sentirse incómoda con un amigo, de modo que ignoré el instinto visceral. Después de todo, él era como un hermano mayor para mí, así que desestimé mi malestar como una tontería y no dije nada al respecto.

Entonces desvié la mirada por un momento hacia la ventana, y lo siguiente que sentí fueron sus manos alrededor de mi garganta. Me estaba estrangulando. Él era muy fuerte, y yo perdí el conocimiento al instante.

Cuando recuperé la consciencia, todo mi cuerpo estaba temblando. Mi cabeza estaba comprimida contra la puerta del coche. John estaba paralizado al otro lado del asiento delantero, detrás del volante, visiblemente conmocionado y horrorizado por lo que había hecho. Se disculpaba profusamente. Yo también estaba en un serio estado de *shock*.

Todas las células de mi cuerpo me gritaron que saliera del coche de inmediato. Mi instinto elemental de supervivencia prevaleció sobre mis buenos modales de adolescente formal. Mientras la mitad inferior de mi cuerpo recobraba la fuerza, conseguí abrir la puerta y, temblando como un flan, me arrastré hasta llegar al coche de mi novio, donde estaría sana y salva.

Mi corazón estaba hecho añicos. Poco después supe por qué mi amigo había sido tan violento aquella noche: estaba atravesando un momento de descontrol tras un prolongado viaje con anfetaminas. Pero en aquel momento yo era completamente ajena a la cultura clandestina de drogas que se desenvolvía a mi alrededor. No obstante, este conocimiento mental, del hemisferio izquierdo del cerebro, no podía arreglar ese daño. Me costó años de terapia física y sanación emocional curar las cicatrices internas de miedo y traición derivadas de este suceso.

En aquel momento, si yo hubiera sido capaz de reconocer y apreciar mi instinto visceral, y de honrar el mensaje que me ofrecía, podría haber evitado un trauma de los que te cambian la vida. Al decir esto no quiero insinuar que lo sucedido fue culpa mía. Esta es una reacción frecuente entre las personas supervivientes de un trauma, como iría descubriendo durante décadas de estudio y trabajo con ellas. Es posible que se culpen a sí mismas, especialmente cuando el agresor es alguien a quien conocen.

Inmediatamente después del lamentable encuentro, yo hice lo mismo, preguntándome qué había en mí para haber provocado aquello. Sin embargo, no había sido culpa mía, y quiero dejar claro que las víctimas no tienen la culpa de sus traumas. La vida sucede, y no tenemos el control pleno de las cosas ni en la mejor de las circunstancias.

Por otro lado, también aprendí algo valioso, que constituye la esencia de lo que quiero compartir en este libro. Esta lección puede ayudarte a tomar mejores decisiones, independientemente de cuáles sean las condiciones y las circunstancias externas.

Mientras sanaba física y emocionalmente de esta traumática experiencia, me fascinó darme cuenta de que mi instinto visceral ya me decía que algo no iba bien al sentarme en ese coche con mi amigo. Entonces me prometí a mí misma que nunca volvería a cuestionar a mi instinto, incluso aunque no hubiera razones evidentes para esa intuición a ningún otro nivel.

Esa experiencia me abrió los ojos y comprendí que había cometido un error al no escuchar mi propio sistema de alarma. Mis hábitos aprendidos, mis respuestas automáticas y mis creencias limitantes me impidieron escuchar y actuar de acuerdo con la sabiduría de mi cuerpo.

Este trauma, que había puesto mi vida en peligro, me despertó de golpe y me condujo al proceso de autocuración que quiero compartir en este libro: el retorno a la sabiduría de mi cuerpo, que se ha convertido en el trabajo de mi vida. Un proceso que no solo me permitió curarme plenamente, sino que también me ha guiado a la hora de evitar otras situaciones potencialmente traumáticas.

Espero que, a medida que más personas despierten a la sabiduría que se encuentra en su interior, menos experimenten el tipo de trauma que yo viví.

La relación más importante de tu vida

Tus relaciones con otras personas a lo largo de tu vida —padres, cónyuge, hijos, amistades y maestros— se irán transformando a medida que pase el tiempo y las situaciones vayan cambiando. Mientras estés vivo, sin embargo, tu cuerpo estará siempre contigo.

Es muy beneficioso tener una relación sólida, profunda e íntima con tu propio y único yo físico. Tu cuerpo está diseñado para guiarte, procurarte seguridad y proporcionarte plena vitalidad y placer. Es el vehículo a través del cual creas y proyectas tus pensamientos y sueños en la realidad.

En este libro descubrirás cómo, al establecer y nutrir una relación saludable con tu cuerpo, podrás recuperar partes perdidas de tu ser, conectarte con la sabiduría de tu cuerpo y transitar mejor tu vida.

Comencemos, pues, explorando la relación actual que tienes con tu cuerpo, para descubrir primero lo que he denominado «coeficiente de sabiduría corporal». Esta evaluación preliminar revela hasta qué punto te sientes a gusto dentro de tu propia piel. Aunque mi principal objetivo es ayudarte a desarrollar una mejor relación con tu cuerpo, la conciencia de dónde estás ahora es el primer paso.

¿Tu relación actual con tu cuerpo es amistosa o te resulta difícil o incómoda? Realiza este test de nueve preguntas para averiguarlo. Rodea en cada caso el número que exprese mejor la primera respuesta que te surja de forma espontánea. No pienses demasiado en las respuestas, simplemente despierta tu curiosidad y deja a un lado tus juicios mientras respondes a las siguientes preguntas.

Test de inteligencia corporal

- Cuando piensas en tu cuerpo...
  ¿Tu primer impulso es sentir gratitud por él, o juzgarte y pensar en lo que te gustaría cambiar de él?

Agradecimiento				Juicio
1	2	3	4	5

- Cuando realizas una actividad cotidiana típica...
  ¿Es más probable que confíes en que sabes lo que estás haciendo o que sientas temor con respecto al resultado?

Confianza				Temor
1	2	3	4	5

- Cuando surge una situación estresante...
  ¿Resuelves el problema con calma y claridad, como si lo hablaras con una persona de confianza, o es más probable que sientas confusión y ansiedad?

Calma				Ansiedad
1	2	3	4	5

- Cuando surgen las necesidades y los impulsos naturales de tu cuerpo: descanso, alimento, fluidos, sexo y evacuación...
¿Te encuentras en paz con esas necesidades o te sientes en contradicción o en conflicto con tu cuerpo?

Paz  Conflicto
1   2   3   4   5

- Cuando entras en contacto con algo nuevo en tu vida...
¿Sientes que tu cuerpo te apoya o notas que te traiciona pisando el freno?

Apoyo  Traición
1   2   3   4   5

- Cuando tu cuerpo tiene problemas físicos, te enfermas, o ambas cosas a la vez...
¿Experimentas claridad y comprensión acerca de la naturaleza de tales problemas o sientes confusión e inseguridad acerca de su origen?

Claridad <———————————> Confusión
1   2   3   4   5

- Cuando bajas el ritmo y llevas la atención a tu interior...
  ¿Sientes una conexión profunda con tu cuerpo y sus necesidades o más bien te sientes distante, como si estuvieras observando a otra persona?

Conexión  Distancia

1	2	3	4	5

- Cuando alguien te dice algo acerca de ti...
  ¿Confías en tus propias reflexiones internas y en lo que sabes que es verdad o aceptas automáticamente su opinión porque dudas de lo que es cierto para ti?

Confías en ti 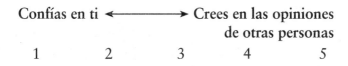 Crees en las opiniones de otras personas

1	2	3	4	5

- Cuando estás en activo, pensando y actuando en tu mundo...
  ¿Te sientes en una cooperación fluida con tu cuerpo o percibes tu cuerpo como algo que tienes que controlar, amaestrándolo hasta que haga lo que quieres?

Cooperación ⟵————————⟶ Control

1	2	3	4	5

Suma los números que has rodeado en las nueve preguntas. Si tu puntuación es baja (menos de 18), es probable que te sientas bastante a gusto dentro de tu propia piel en la mayoría de las circunstancias. Si tu puntuación está entre 18 y 28, tu sensación de conexión con tu cuerpo es, probablemente, variable. Si tu puntuación es más alta (28 o más), puede que tu relación con tu cuerpo no sea como desearías, pero ten la seguridad de que no solo te pasa a ti.

Sea cual sea tu puntuación en el test, ten en cuenta que formamos parte de una cultura donde la desconexión con respecto a las sensaciones y señales de nuestro cuerpo es excesiva. La última investigación sobre trauma y sanación —de la que se trata ampliamente en *El cuerpo lleva la cuenta*, de Bessel van der Kolk,[1] y *En una voz no hablada*, de Peter Levine—[2] expone cómo la primera respuesta natural del cuerpo a los retos traumáticos de la vida es prepararse para la lucha o la huida.

Cuando eso no es posible, el cuerpo se tensa, entramos en un estado de protección y, con frecuencia, nos insensibilizamos por completo. En pocas palabras, cuando nos sentimos impotentes a la hora de detener un acontecimiento traumático, nos encogemos por dentro o desalojamos emocionalmente el lugar, congelándonos o disociándonos, e incluso es posible que suframos una parálisis completa.

Después del trauma inicial, esas respuestas automáticas no siempre son superadas de hecho, es posible que nos persigan durante años. Esto puede afectar seriamente al sistema de navegación innato de nuestro cuerpo, que incluye las siguientes partes:

- La capacidad de inspiración, compasión y alegría del corazón.

- El saber instintivo de nuestro intestino.
- El motor de nuestra pelvis.
- Las capacidades metabólicas de nuestras extremidades (en particular, de las piernas y los pies).
- La firmeza de nuestros huesos.

Todas ellas están diseñadas para trabajar en mutua colaboración, entre sí y con las áreas de triaje del cerebro. Cuando un trauma no resuelto se aloja en el interior, bloqueando el paso, la capacidad que tiene este sistema para compartir su sabiduría y sus estrategias puede verse mermada.

Ningún submarino podría operar sin su sonar ningún conductor, sin mapas ni señales. Y, sin embargo, la mayoría de las personas llegamos a la edad adulta con muchos de los receptores internos de señales anestesiados o totalmente bloqueados.

¿Es seguro o peligroso? ¿Placentero o doloroso?

El doctor Stephen Porges, en su reconocida obra *La teoría polivagal*,[3] explica cómo los seres humanos funcionan de manera óptima cuando se sienten seguros y conectados con el mundo que los rodea. Su investigación y su teoría polivagal han arrojado luz sobre el papel que desempeña el nervio vago en nuestros sentimientos de felicidad y conexión con la vida.

El nervio vago regula toda la zona de «descanso y digestión» del sistema nervioso —la rama parasimpática—, estimulando todo el conjunto, desde las glándulas salivales de la boca y el latido del corazón, hasta el proceso completo de digestión y excreción, en otras palabras, de un extremo al otro del sistema.

Cuando la rama simpática del sistema nervioso —el impulso de «lucha o huida»— está en marcha, anula el funcionamiento de la rama parasimpática y del nervio vago. Desde un punto de vista evolutivo, esto nos ayudó a dejar atrás al tigre. Nuestros cuerpos dejaban de digerir el almuerzo para que nuestras piernas trabajaran, con el fin de no convertirnos nosotros en el almuerzo.

Sin embargo, en el mundo de hoy y para la mayoría de las personas, esto significa que la actividad de nuestro nervio vago no es saludable a raíz del estrés cotidiano y de los traumas del pasado sin resolver. A su vez, esto inhibe nuestro sistema de «descanso y digestión», así como el de participación social, que refuerza esa sensación de conexión que necesitamos para gozar de una mejor calidad de vida.

Cuando los sistemas básicos del cuerpo no están registrando una conexión segura y nutritiva, el resto de los sistemas se ralentizan y se van agotando, lo cual nos sitúa en un estado constante de hipervigilancia, alertas a la siguiente amenaza.[4]

La mala noticia es que esta desconexión es epidémica. Mira a tu alrededor y verás que mucha gente está más conectada con su tecnología o su lista de tareas pendientes que con sus seres queridos. Fíjate en la cantidad de padres y madres que están centrados en sus dispositivos cuando salen con sus hijos. Observa a las parejas que leen sus correos electrónicos en los restaurantes, en vez de conversar entre sí. Incluso es posible que también tú sientas ese agobio y premura que te impiden vivir con alegría a causa de una agenda apretada.

En definitiva, en la actualidad pasamos más tiempo preocupándonos por el futuro o dejándonos perseguir por el pasado que viviendo en el momento presente. Por ello es posible que, cuanto más trauma hayas experimentado, sientas una mayor desconexión. Sin embargo, incluso si no has sufrido ningún trauma serio, el ritmo acelerado de la vida en nuestra cultura puede incomunicarnos.

La buena noticia es que esta desconexión es reparable de varias maneras. La neurociencia acuñó el concepto de neuroplasticidad en la década de 1990. Esto significa que, a lo largo de nuestra vida, el cerebro y el sistema nervioso pueden crecer, sanar y reestructurarse.

Cómo recuperar tu sistema de navegación

Mi trabajo, durante las últimas tres décadas, se ha dirigido a recuperar la totalidad de quienes somos, con el fin de restaurar nuestro equilibrio natural y nuestro potencial innato de curación. Peter Levine lo afirma de forma clara y sencilla: «El trauma es un hecho de la vida. No tiene que ser, sin embargo, una sentencia de muerte».[5]

Aunque tu camino de regreso a tu ser sea único, cualquier sendero que elijas incluirá tu cuerpo y la capacidad de percibir, dentro de tu piel, las sensaciones de estar vivo.

El viaje para recuperar estas partes instintivas de quienes somos es una exploración intensa. En cada uno de los siguientes capítulos descubrirás una nueva habilidad, que puedes practicar hasta que la domines.

Entonces estarás en el camino hacia una relación saludable con tu sistema interno de navegación. Tendrás acceso a la información vital y primordial que tu cuerpo te ofrece.

Tu radar interno estará listo y en marcha, además de estar plenamente funcional. Cuando la mayor parte de tu sistema esté de nuevo a tu disposición, podrás navegar con facilidad el resto del camino a casa, mientras te permites vivir tu vida con apertura y curiosidad, en vez de hacerlo desde el miedo y la ansiedad.

Plantéate preguntas como estas a lo largo de este día:

- ¿Qué alimentos me podrían nutrir en este momento?
- ¿Es esta una relación saludable o necesito defender mi punto de vista o salir de esta situación?
- ¿Cuál es el siguiente paso que debo dar en esta relación?

Cuando estamos en sintonía con nuestra sabiduría corporal, estas preguntas se convierten en senderos fáciles que estimulan la curiosidad y nos llevan de regreso a nuestro cuerpo —nuestra casa, nuestro refugio, nuestro lugar seguro— sin demasiada angustia o carga emocional.[6]

Puedes comenzar a sentir el gozo exquisito de conectarte con la vida: la belleza de una flor o de un paisaje, el amor de una mascota, o la conexión que sientes en una relación de pareja o de amistad.

2

Los cinco mitos sobre el cuerpo

Callejones sin salida que entorpecen el camino

No dejes que tu mente intimide a tu cuerpo.

Astrid Alauda

Tener una buena relación con tu propio cuerpo es fundamental. De algún modo, yo perdí el contacto con el mío, y me consta que no soy la única. Después de varios milenios, gran parte de las personas del mundo occidental se encuentran parcial o completamente divorciadas de sus sensaciones y sabiduría corporal. Tanto si responsabilizamos de ello a Descartes como al debilitamiento y caída de las antiguas tradiciones de las diosas y el surgimiento del patriarcado, el resultado es el mismo. Muchas de nuestras religiones y tradiciones espirituales inciden en la necesidad de ser precavidos con el cuerpo, de controlarlo, de elevarse por encima de él y, especialmente, de someterlo a la soberanía de la mente. Se nos enseña de múltiples maneras que el cuerpo es «inferior a» nuestros pensamientos y facultades mentales.

He constatado, en las numerosas entrevistas y sesiones de tratamiento que he llevado a cabo durante las tres últimas décadas, que la desconexión con el propio cuerpo está aumentando de manera generalizada. Esto es algo que puede causar significativos problemas mentales, emocionales, físicos y espirituales.

En primer lugar, sentir esta pérdida de conexión con nuestro cuerpo nos hace muy vulnerables. Sentimos ansiedad cuando no hay nada que temer, y nos ponemos en peligro sin saberlo. Perdemos oportunidades para la alegría en todo momento. Al no estar conectados con la sabiduría de nuestro cuerpo, pasamos por alto señales internas que son esenciales para sobrevivir y prosperar en el mundo actual.

La mayoría de las personas operan desde una variedad de mitos sobre el cuerpo que se transmiten de generación en generación, por lo que se suelen asumir de manera consciente o inconsciente. A continuación describo cinco de estos mitos que he identificado a partir de mis experiencias, conversaciones con colegas e historias compartidas en mis cursos y sesiones privadas a lo largo del tiempo. Puede que no todos los mitos te parezcan ciertos en la misma medida: unos te pueden resultar solo parcialmente verdaderos, mientras que puedes asociar otros a momentos particulares. En cualquier caso, es probable que no quieras seguir viviendo desde estos mitos si puedes elegir. Y el primer paso en este proceso es la conciencia, que nos brinda esa oportunidad de elegir.

1. El cuerpo es demasiado doloroso

Muchos estudiantes me han dicho: «Cuando llevo mi atención hacia adentro, todo lo que siento es dolor, me siento agobiado. No sé cómo lidiar con ese dolor, así que no quiero hacerlo: No puedo más. ¿Cómo "sentir este dolor más de lo que ya lo siento" me puede ayudar?».

Si algo de esto te resulta familiar, plantéate estas preguntas: ¿considero que mi dolor interno es un problema insuperable? Cuando entro en mí, ¿solo siento ansiedad? ¿Siento que mi dolor es más grande que yo?

Muchas personas que han sobrevivido a experiencias sobrecogedoras y traumáticas podrían responder de ese modo al inicio, cuando llevan su conciencia hacia las sensaciones de su paisaje interno. El dolor *es* real. Eso no es un mito, aunque nos hayan dicho lo contrario. El mito es creer que el dolor es *todo* lo que habita nuestro interior.

No soy más que esta enorme bola de dolor...

Cuando llegó a uno de mis cursos, Jennifer acababa de separarse de su marido tras diez años de relación. Era una mujer atractiva y bien vestida, cuya dulzura resplandecía en su cara y sus ojos. Pero la tensión en sus hombros y su espalda me decían que también llevaba encima una carga de dolor interno.

Al comienzo del curso, al momento de hablar, rompió en llanto. Nos contó entre lágrimas que, aunque su decisión de divorciarse era firme, cada vez que se detenía a reflexionarlo se sentía agobiada, con un dolor profundo en el estómago. Cuando le pregunté un poco más acerca del tamaño y la forma de su dolor, lo describió como «una bola de dolor de duelo insoportable, del tamaño de una sandía». Se le saltaron las lágrimas con solo describirlo. Reconocí su duelo y cómo ese dolor enorme y contraído en su abdomen debía de estar controlando su vida.

Para ayudarla a salir de esa sensación de agobio, le pedí que notara cómo sentía su columna al apoyarla contra el respaldo de la silla. Se relajó ligeramente mientras permitía que su conciencia se expandiera a esa zona. Le pedí que notara el peso de sus costillas y su columna mientras se iba recostando más hacia atrás. Su torrente de lágrimas comenzó a detenerse a medida que su dolor iba disminuyendo. A continuación le pregunté cómo sentía sus isquiones sobre la silla. Cuando tomó conciencia, habló entre lágrimas: «Estoy sola y sin apoyo, ahora que me he independizado. Incluso mi familia está molesta conmigo por dejar a mi esposo, mi gran proveedor». Yo no conocía nada más acerca de su situación en aquel momento. Solo sabía que había llegado a mi círculo con dos amigas, que estaban sentadas a ambos lados de ella. Le pedí que permitiera que su presencia se expandiera a cualquiera de los lados para que pudiera sentir la cercanía de sus amigas. Cuando exploró esta posibilidad, dejó de llorar.

A continuación sugerí que dirigiera su conciencia a cómo sus pies descansaban sobre el suelo, que aprovechara la comodidad de esta conexión para notar su apoyo. La gravedad nos conecta con la tierra sin ningún esfuerzo en cada momento de nuestras vidas. Siempre tenemos este recurso disponible, aunque pocas personas sean conscientes de ello. Darse cuenta de ello pareció remover algo en su interior, que transformó la marea del dolor de su duelo. Entonces le pregunté cómo sentía esa bola de dolor del tamaño de una sandía dentro de su abdomen. Se quedó muy quieta, sus labios dibujaron una sonrisa. Dijo que ahora era del tamaño de una naranja y se sentía mucho mejor. Habíamos desmontado el primer mito sobre el cuerpo. Jennifer había recuperado un poco más de sí misma para sostener su tristeza y su duelo de forma autocompasiva.

2. El cuerpo es misterioso y peligroso

Me crie en una familia tradicional sureña, dentro de una comunidad baptista que se reunía en torno a la iglesia para comer, cantar y orar a Dios. No recibí, pues, una educación acerca de los instintos fundamentales de la mitad inferior del cuerpo, de lo que podría sucederme si me adentraba en el «lado oscuro». Tenía la sensación de que las emociones básicas de enojo e ira vivían en esas profundidades y no quería aventurarme demasiado en ese abismo porque las temía.

El segundo mito se alimenta del miedo a lo desconocido y a lo que podría ocurrir si nos salimos de nuestra zona de confort. Además, el modo en que está configurado nuestro cerebro facilita el crecimiento de este mito: los circuitos neurológicos para la supervivencia permanecen alerta a cualquier peligro potencial y se disparan mucho más rápido que los circuitos mesurados y reflexivos que nos conducen a emprendimientos creativos en nuevos escenarios.

Para desmontar este mito, la clave es detenerse y expandir nuestra conciencia, ampliar nuestra lente de percepción del mundo. Solo así podremos abrirnos a la posibilidad de que lo que automáticamente tomamos por una serpiente peligrosa sea tal vez un bastón, ¡o incluso una varita mágica! Esto adquiere más matices cuando observamos con detenimiento todas las formas en las que el mundo puede lastimarnos y en las que puede deleitarnos.

Cómo derretir el hielo

Con Janet habíamos trabajado durante algunos meses sobre el miedo a relacionarse con los hombres. Cuando se sintió lo bastante segura como para compartirlo, surgió un recuerdo particular que la había perseguido durante años. Cuando era niña, tenía un tío al que quería mucho y siempre había sido su protector. Él era su confidente, el único que la escuchaba en una familia extensa sumida en el caos y el alcohol. Aunque por aquel entonces ella no lo sabía, él seguía viviendo con ellos a causa de sus constantes problemas a raíz de su trastorno bipolar y su adicción a las drogas.

Una noche, a la edad de trece años, Janet llegó a casa emocionada: estaba deseando compartir que le habían dado un gran papel en la obra de la escuela. Entró apresurada en la habitación semioscura de su tío y, suavemente, agitó su hombro para despertarlo. Él se sobresaltó de un estupor inducido por la droga. Iracundo, comenzó a estrangularla. Los largos segundos que tardó en reconocerla y retirar las manos de su garganta le parecieron a Janet una eternidad. Fue una pesadilla espantosa. Cuando su tío la soltó al fin, Janet huyó de la habitación en estado de *shock*, y lloró hasta quedarse dormida.

Como sucede a menudo entre las víctimas de la violencia, asumió la culpa. Avergonzada, ocultó las marcas moradas de su cuello con bufandas y prendas de cuello alto, para que nadie pudiera notarlas. No solo estaba físicamente traumatizada: también había perdido a su mejor amigo. Su dulce y tranquilo tío se había convertido en un monstruo para ella. Sin entender muy bien cómo, creía que había sido culpa suya. Quizá su exceso de alegría había encendido la ira de su tío en lo más profundo de su ser. Tal vez ella era la responsable de aquella misteriosa y amenazante violencia. Él, sin embargo, no tenía ningún recuerdo consciente de lo ocurrido cuando se despertó a la mañana siguiente. Y en las semanas sucesivas su adicción se intensificó hasta que, poco después, se suicidó. Esto empeoró el trauma, la culpa y la vergüenza de Janet, que iba por la vida como un zombi, abstraída en la niebla.

Pasaron años antes de que pudiera mirar de frente a un hombre que le gustara. Si estaba con un hombre en una habitación en penumbra o en un vehículo de noche, su estómago comenzaba a contraerse de miedo y su corazón palpitaba con fuerza, hasta ocasionarle incluso ataques de pánico. Estaba segura de que había algo en ella que podía convertir a los hombres en bestias iracundas, y se fue retrayendo más y más en sí misma.

Ya de adulta, Janet acudió por fin a psicoterapia y reunió el valor para preguntar a los demás miembros de su familia por su tío. Descubrió entonces los problemas que él había tenido toda la vida. Esto disminuyó sus ataques de pánico, pero no podía quitarse de encima su profunda desconfianza hacia los hombres y la sensación de que tenía algo que podía desencadenar en ellos una rabia peligrosa.

La terapia craneosacral y el diálogo

El segundo mito estaba muy arraigado en la psique y el sistema nervioso de Janet. Con el fin de desmontarlo, me senté con ella y sugerí que podría necesitar un aliado fuerte para enfrentar este miedo tan poderoso. Le pregunté qué podría ayudarla a sentirse más cercana a su yo de cuando tenía trece años, que había elegido el camino solitario de retraerse y protegerse a sí misma.

Dado que su trauma había sido inducido físicamente, ella intuía que necesitaría contacto físico para resolverlo. También se dio cuenta de que necesitaba que su yo adulto y sabio —la parte de ella que había recibido años de terapia— estuviera disponible para apoyar a su yo traumatizado. Con estas premisas, comenzamos la tarea con mi modalidad principal de trabajo manual, la terapia craneosacral. Cuando comenzamos su sesión en la camilla de tratamiento, estaba temblorosa, pero decidida. La sostuve suavemente con una mano sobre la parte superior de su pecho y la otra sobre la parte alta de su espalda, acunando su corazón, mientras ella recordaba aquella noche, cuando subía de prisa las escaleras para compartir su alegría con su tío. Sentí un temblor desde sus extremidades inferiores, que se fue disipando lentamente.[1] Luego comencé a percibir cómo su pecho se tensaba y se ponía rígido y frío, a medida que se iba acercando el momento realmente traumático. Le dije con dulzura que estaba con ella como su aliada, y que también estaba con nosotras su parte adulta, la que había desvelado la verdad sobre su tío. Sin embargo, su yo de cuando tenía trece años permaneció congelada y muda.

Su pecho seguía tenso y frío. Le hice saber que esperaría pacientemente con ella durante el tiempo que fuera necesario, hasta que ella lo volviera a sentir cálido.[2] También le recordé que su inteligencia celular sabía qué hacer, y que ella podía permitir que las cosas se fueran desplegando a su ritmo. Algo cambió ligeramente bajo mis manos cuando hablé. Mis palabras y mi presencia le habían transmitido que yo podía verla con claridad, que no estaba presionándola y que no tenía ninguna agenda con respecto al modo en que esto pudiera irse desarrollando. Cuando sentí una profunda conmoción en su sistema, le expliqué que su congelación era una respuesta natural del sistema nervioso ante un peligro así, y que esta había sido su única defensa posible en el momento del trauma: por tanto, ese adormecimiento la había ayudado a sobrevivir a un evento tan sobrecogedor. Exploramos entonces si había un deseo en ella de darle las gracias por tantos años de valiente servicio, y de nuevo sentí en las manos cómo se conmovía en respuesta a estas palabras.

Descongelarse para despertar a la luz de la conciencia

Sentir gratitud hacia una parte de nosotros que fue útil en el pasado, pero que en el presente está obstaculizando nuestro progreso, puede resultar sorprendente, pero debemos dar la bienvenida a este descubrimiento.

El pecho de Janet se ablandó significativamente en los minutos siguientes. Por fin podía reconocer la función original de esa parte repudiada de ella misma, que le había provocado ataques de pánico y una desconfianza automática hacia los hombres: estaba allí para salvarla de la agobiante confusión, miedo y dolor que la trágica experiencia vivida con su tío le habían generado. Con este reconocimiento, la tensión congelada pudo liberarse un poco, soltando lentamente su posición de guardaespaldas.

Le pedí al yo adulto y sabio de Janet que le explicara a su yo de trece años lo que había sucedido aquella noche. Janet le contó que no había sido su exceso de alegría lo que había desatado la ira de su tío. No había sido culpa suya en absoluto. En el momento del incidente, él estaba inmerso en su propio dolor, confusión y adicción, y ella simplemente no tenía forma de saber eso. La parte adulta y sabia de Janet le agradeció su reacción de congelación, y yo sentí que la frialdad de su pecho se fundía bajo de mis manos. Su respiración se hizo más profunda y se normalizó, mientras lloraba con alivio. Después de esta sesión, los ataques de pánico de Janet desaparecieron por completo. Poco a poco comenzó a hacer las paces con los hombres de su vida, tanto en el trabajo como en los momentos de ocio. Su miedo irracional se había disipado.

El temor de su cuerpo y su respuesta de pánico, así como el miedo a una primitiva reacción de ira por parte de los hombres, habían desaparecido.

3. El cuerpo es fuente de tentaciones que te llevan por el mal camino

Según este mito, los impulsos primarios de orden sensual y sexual del cuerpo nos meterán en problemas y nos llevarán por el mal camino si los obedecemos. La mayoría de las principales religiones —cristianismo, judaísmo, hinduismo y el islam— imponen sanciones a quienes «se entregan a los placeres del cuerpo» para mantener bajo control este temido instinto primario. Se manifiesta en instrucciones como las siguientes:

«Protégete de los impulsos de tu cuerpo.»

«Controla los impulsos de tu cuerpo y sublímalos.»

«Hazte responsable de tu cuerpo y mantén sus compulsiones a raya.»

Por el contrario, la cultura popular, la publicidad y los medios de comunicación nos inundan de imágenes sexuales. Los publicistas, por ejemplo, reconocen su valor como estrategia de venta. La publicidad toma lo que es aceptable y atractivo, le da la vuelta y lo retuerce de manera que la mayoría de las personas terminan buscando una imagen fantasma, algo que creen que las hará sentir completas, un producto que las hará sentir adorables con solo comprarlo. Al mismo tiempo, el mensaje que se lanza es: «Hagas lo que hagas, no vayas a sentir plenamente tu sensualidad y tu sexualidad: es peligroso. Si eres mujer, podrían considerarte demasiado ligera y aprovecharse de ti. Si eres hombre, podrían tacharte de machista o abusador».

Este instinto primario es poderoso. Mi amiga Emilie Conrad, creadora del Continuum Movement,[3] enseñaba cómo la energía del *eros* (palabra griega que significa 'amor íntimo') es lo que hace que nuestras células se enciendan, lo que nos permite habitarnos plenamente. De hecho, es la fuerza creativa de la vida misma, alimenta nuestro gozo y nuestra razón de ser. Sin embargo, el tercer mito intenta convencernos de que nuestras sensualidad y sexualidad básicas son fuerzas malignas y tentadoras. Pero ¿cómo se ha originado este mito sobre el cuerpo?

El problema surge al juzgar esta parte de nosotros como malvada, sucia o «pecaminosa», e intentar compartimentar y escindir esta poderosa energía del resto de nuestro sistema. El resultado de taponar este instinto será el mismo que el que sufre un volcán que acumula presión interna incansablemente. Según este mito, dar rienda suelta a nuestra sensualidad hará que nuestro mundo arda en llamas y fuera de control, como ocurre en la escena final de *Como agua para chocolate*, donde los amantes consuman por fin su amor reprimido y se incendian en el proceso.

Pero en realidad, cuando permitimos que las sensaciones placenteras fluyan por todo nuestro sistema con la sabiduría de cada una de nuestras partes conformándola e integrándola, la poderosa energía que sentimos no es una fuerza del mal: es la energía de la vida misma. El que nos sintamos sexualmente atraídos hacia alguien no significa que necesitemos actuar al respecto. Si reprimimos nuestra naturaleza sensual, puede convertirse en una seductora faceta oscura de nuestro ser. Sin embargo, cuando permitimos que nuestras sensaciones llenen todo nuestro ser, la experiencia directa de esta conexión tiene una integridad profunda y perdurable, en vez de convertirse en una tentación.

Excluida de su propia sensualidad

Karen ocupa un puesto de alto nivel en una importante universidad y dirige con éxito a miles de estudiantes. Vino a verme con múltiples problemas físicos que incluían asma, infecciones crónicas de garganta y una tensión permanente en la zona del plexo solar que le dificultaba mucho la respiración profunda la mayor parte del tiempo.

Al inicio de la sesión, mi instinto me llevó directamente al área de su diafragma respiratorio, de modo que apoyé mis manos en la parte anterior y posterior de su caja torácica inferior y me transmitió una sensación de dolor molesto y contraído. Le pedí que llevara su atención al interior para explorar conmigo esta área de su cuerpo, y entonces sentí una tracción todavía más fuerte desde su sistema hacia adentro. Para describirme la sensación de que su torso no estaba disponible utilizó la expresión «cerrado por reformas». Cuando le pregunté cuánto tiempo llevaba sintiéndose así, rompió a llorar.

Me contó que estaba casada con un hombre maravilloso y tenía una hija a quien adoraba. Aun así, cuatro años antes se había enamorado de otra persona. Había una fuerte atracción sexual. Era una persona dinámica que despertaba su lado sensual como mujer. La aventura fue fugaz y terminó poco después de que su marido se enterara. Con un sentimiento de culpabilidad explicó que, cuando esto sucedió, «cerré mi corazón y mi pelvis y me deshice de la llave». Durante los últimos cuatro años había tenido problemas de salud e intentaba demostrar a su esposo que aún lo amaba y que deseaba que su matrimonio perdurara. Como creía que su sensualidad esencial era la que había ocasionado el romance, se desconectó de su parte más «carnal», y su salud estaba pagando el precio.

Sobre mi camilla, se dio cuenta de que tenía miedo de respirar profundamente, pues podría empezar otra vez a notar «sensaciones» en su pelvis. Me dijo: «Es una parte primordial de lo que me llevó a tener una aventura».

Para muchas mujeres, sentir un placer profundo en las experiencias sensuales puede parecer un tesoro prohibido que da lugar a la culpa, en lugar de una respuesta natural y primaria. Karen no se había perdonado a sí misma por su infidelidad. Cargaba con una gran culpabilidad que había cerrado su corazón, ralentizando aún más su flujo energético. Su garganta también estaba cerrada, para que no pudiera contar —expresó— «la verdad de mi corazón».

Apoyé mis manos suavemente sobre su plexo solar y su corazón, y le pregunté qué le habría dicho a su mejor amiga si hubiese estado en una situación similar. Tras un breve silencio, respondió que sentiría compasión de su amiga y le aconsejaría que soltara la culpa y siguiera adelante. Le pregunté si ella podría ser para sí misma su mejor amiga en ese momento, y entonces sentí cómo su cuerpo se relajaba un poco, mientras respiraba profundamente e iba aceptando esa idea. Luego le pregunté si todavía estaba enamorada del otro hombre y si deseaba terminar con su matrimonio. Dijo que no, que había pasado el momento y había seguido adelante con su vida. Otra ola de alivio se liberó bajo mis manos mientras tomaba conciencia de que no estaba en peligro de sucumbir nuevamente a la seducción de esta aventura.

Como mujer que vive en una cultura donde la sexualidad es ignorada o vilipendiada, el anhelo de Karen de una conexión sensual profunda la hizo vulnerable. Una fuerte atracción sexual es casi imposible de rechazar, a menos que esté en juego la integridad de todo el cuerpo.

Compartí con Karen que cuando nuestra sensualidad está viva y conectada con todos los componentes de nuestro ser, alcanzamos un nivel superior de sabiduría. Cuando experimentamos la conexión del corazón con la pelvis, el intestino y la cabeza, nos sentimos inspirados a la hora de tomar decisiones importantes en nuestra vida. Podemos hacer una pausa, respirar y observar un panorama más amplio. Entonces tomamos conciencia de las implicaciones y del resultado final probable de nuestra elección. Nuestras decisiones empiezan a estar enraizadas y basadas en un pensamiento capaz de procesar la información que recibe de todas las partes del cuerpo.

Era importante que Karen reconociera que merecía satisfacer sus necesidades naturales y primarias, y cómo convertir su anhelo sensual en un regalo para ella y para su marido. Al hacer la elección de abrazar su anhelo sensual e integrarlo en su vida, Karen validaría un propio pensamiento enraizado, que tiene en cuenta todo su cuerpo y sus necesidades.

Su torso se relajó gradualmente y por completo mientras hablábamos. Se daba cuenta de que yo no la estaba juzgando ni esperaba unos resultados concretos. No se trataba de que su naturaleza sensual la hubiera seducido no era culpa suya. Pasamos un rato conectando el corazón con el abdomen, los pies y las piernas, luego con la claridad que proviene de la sabiduría de los huesos y por último con la cabeza. Cuando se levantó de la camilla, su rostro había retomado el color. Estaba visiblemente más relajada y más presente. Estaba asombrada con el profundo trabajo que acababa de realizar.

Existen muchas personas que sufren, como Karen, esta separación entre cabeza y cuerpo. El tercer mito está muy vivo en nuestra cultura, y muchas mujeres de éxito han dejado su cuerpo de lado para entregarse a su trabajo. Esta separación genera vulnerabilidad y nos hace susceptibles al vaivén de las sensaciones, que solo son tentadoras cuando están en aislamiento.

4. El cuerpo está fuera de control y hay que dominarlo

¿Percibes tu cuerpo como algo que tienes que controlar constantemente, amaestrándolo hasta que te da lo que deseas? Este mito se centra en la idea de que, si no lo estás controlando en todo momento, tu cuerpo se convertirá en algo despreciable o colapsará emocionalmente y se caerá a pedazos. Por eso te esfuerzas por controlarlo. Tratas de modificarlo de cualquier modo en que creas que te hará obtener amor y aceptación, seguridad y protección contra cualquier daño. Es un hecho que sentirse amado y aceptado es una necesidad humana primaria, por lo que el miedo al rechazo y la desaprobación alimenta el cuarto mito.

Por ejemplo, hay quien se impone la autodisciplina de hacer dieta y ejercicio, pero no como un acto amoroso de cuidado personal, sino con la intención de conseguir un cuerpo supuestamente más digno de ser amado, o más seguro y protegido. Es una forma de autocrítica con respecto al propio cuerpo que puede tener su origen en pautas culturales transmitidas por los medios de comunicación, la familia, los amigos, etc.

Con el fin de tener un cuerpo aceptable, muchas personas sienten que tienen que vivir su vida siguiendo una dieta o haciendo ejercicio permanentemente. Controlar la comida de esta manera y forzar el cuerpo físicamente, más allá de los límites saludables, son consecuencias directas de creer en el cuarto mito sobre el cuerpo.

A un nivel más profundo, este mito puede verse alimentado por un trauma no resuelto. Cuando se tiene un historial de sucesos traumáticos, las alarmas del sistema nervioso pueden continuar abrumando la cabeza y el cuerpo de quienes lo padecen mucho después de que el suceso traumático haya concluido. En general, el mundo externo puede percibirse como temible e incontrolable. A su vez, esto puede llevar a algunas personas a querer ejercer un dominio exagerado sobre las áreas de sus vidas que sí pueden controlar. Ser testigo de los efectos del dolor y el trauma en otras personas también puede ser traumático. El número de personas que sufren el síndrome de estrés postraumático después de haber presenciado un acto terrorista es muy elevado. Lo mismo ocurre con quienes han convivido en la infancia con alguien que se lamentaba y lloraba incontroladamente cada vez que se sentía agobiada emocionalmente. Como adultos, muchas de esas personas sienten que algunos sonidos similares las ponen en estado de alarma y están siempre en hipervigilancia, incluso estando fuera de peligro, y a menudo sienten que sus estómagos se encogen con el fin de controlar sus sentimientos de temor, tal y como sucedía en su infancia.

Todos los ejemplos anteriores pueden constituir un impulso para reprimir y controlar el cuerpo y sus reacciones ante una vida que parece amenazante.

Control a cualquier precio

James entró en mi consultorio con una apariencia pulcra, un cuerpo atlético y una gran sonrisa que ocultaba su ansiedad y un profundo dolor. No pasó mucho tiempo antes de que este saliera a la superficie, al principio descrito por él como entumecimiento. «No puedo sentir en mi cuerpo nada de lo que dices. No tengo ni idea de lo que me estás pidiendo que haga o sienta», me comunicó.

Cuando le pregunté cómo había sido su infancia, James respondió sarcásticamente que había sido «normal». Era el mayor de tres hermanos varones. Cada día, cuando su padre volvía a casa del trabajo, su madre le contaba las travesuras de sus hijos aquel día y su padre los disciplinaba metiéndoles la cabeza en el inodoro y tirando de la cadena. Cuando le pregunté cómo le había afectado aquel abuso, James reveló su grado de autocrítica diciendo: «¿Qué abuso? Lo merecíamos: éramos muy malos». Tras algunas preguntas más, quedó claro que James estaba repitiendo lo que su padre les decía. James estaba bastante seguro de que no había sido un buen chico y que su padre «solo intentaba mantenerme a raya».

James describió cómo se había pasado la vida intentando complacer a un padre demasiado crítico, que estaba tan centrado en sí mismo que realmente nunca llegó a conocer a James o a sus otros hijos. Esto es codependencia en su máxima expresión. Su padre era alcohólico, bebía por las noches y desfogaba su angustia interna con sus hijos física y emocionalmente. Esto había hecho mella en James, que tenía un enorme y tierno corazón, maltratado durante años de abusos. Cuando cumplió quince años, James era tan alto como su padre. Una tarde, cuando su padre llegó a casa borracho y comenzó a abusar de su hermano menor, James terminó sujetando a su padre contra la pared. Aquella fue la última vez que su padre golpeó a un miembro de la familia. Dejó el alcohol poco tiempo después, pero siguió siendo incapaz de mostrar amor a sus hijos.

James tenía poco más de treinta años cuando vino a verme. Era un SEAL (un miembro de las Fuerzas de Operaciones Especiales) de la Marina que había curtido su cuerpo a base de un extenuante entrenamiento y ejercicio físico.

Casi nunca visitaba a sus progenitores, así que el problema ya no era la relación con su padre. Lo que le fastidiaba era sentirse incapaz de permitir que su ternura emergiera con su esposa e hijos. Lo deseaba desesperadamente. Siempre que había una diferencia de opinión entre James y su esposa o sus hijos, y sus emociones comenzaban a salir a la superficie, él se sentía amenazado. La respuesta de su cuerpo era anestesiarse y retraerse. Si lo seguían presionando, se enfurecía. Esto asustaba a todo el mundo, incluido él mismo. James no quería reproducir lo que había vivido en su infancia y, aun así, se sentía impotente y sin ningún control sobre su cuerpo y su mente. En esas situaciones, sus emociones parecían pertenecer a otra persona. Él intentaba mantenerse bajo control haciendo ejercicio físico a diario, incansablemente. Tras un entrenamiento especialmente duro, llegaba cansado a casa, lo que le permitía dormir bien por la noche.

Comencé nuestras sesiones pidiéndole que llevara su conciencia hacia su interior, que observara su respiración y permitiera que esta se hiciera más profunda, mientras sentía su cuerpo completo, en toda su extensión, hasta sentir los pies descansando sobre el suelo. Durante semanas practicó el ejercicio básico de conciencia interna (véase el capítulo 4, «Exploración N.º 1: Despertando la conciencia», páginas 84-88), pero todo lo que podía sentir era un constante adormecimiento. La disciplina que tenía James como SEAL de la Marina fue de utilidad, pues lo hizo con constancia, semana tras semana. Le pedí que fuera paciente y siguiera llevando su conciencia hacia el interior, simplemente siendo amable consigo mismo, sin juzgarse, como lo haría con su mejor amigo.

Después de varios meses de realizar esta práctica diaria, el entumecimiento comenzó a cambiar. Su atención decidida pero libre de juicios ante sus sensaciones internas, sin importar lo incómodas o dolorosas que fueran, estaba dando frutos. Estaba aprendiendo a cultivar su curiosidad y su apertura ante el descubrimiento, en lugar de actuar según su patrón habitual que lo llevaba a frenar todos los sentimientos y sensaciones. Comenzaba a desarrollar la capacidad de estar consigo mismo, sin importar lo que pudiera aparecer en su conciencia.

Entonces pasamos a la siguiente fase: James se permitió inundarse de una sensación nutritiva, creando un contenedor interno de sustento que lo ayudó a sentirse más fuerte y estable. Su entumecimiento se estaba disolviendo, capa tras capa, a medida que él se iba sintiendo cada vez más pleno.

Con un contenedor estable de sensaciones del que poder disponer, James se sintió lo suficientemente seguro como para que sus problemas pudieran salir a la superficie. Al principio, todo lo que sentía era una tensión muscular general a lo largo de su cuerpo, como si estuviera endureciéndose para protegerse o preparándose para correr. Entonces comenzaron a aflorar los recuerdos tempranos, que trabajamos juntos, sosteniendo y acunando al tierno niño abusado que había sido. Poco a poco, James llegó a comprender que no había sido un mal niño en absoluto. Por fin se reconoció a sí mismo como el hermano sensible y bondadoso que era. Entonces brotó la tristeza y sus lágrimas fluyeron con libertad. Dentro de ese cuerpo masculino fuerte y trabajado había un niño pequeño que todavía se estaba defendiendo de los arrebatos de su padre, de quien solo quería amor.

El meticuloso proceso de enseñar a James cómo sentir su propio cuerpo de nuevo, sin apresurarse inmediatamente a controlarlo, requirió de mi paciencia y voluntad para movernos a un ritmo cuidadoso y decidido que funcionara bien para él. Solo podíamos avanzar a la velocidad en la que su parte más lenta se sintiera segura. Al principio, James no conseguía relajarse y desactivar la reacción de lucha o huida. El hecho de sentir cualquier cosa podía disparar su reacción. En aquellos momentos yo lo ayudaba a ralentizar su proceso, de tal manera que fuera creciendo una mayor sensación de arraigo y se fuera construyendo un contenedor mayor y más fuerte para sostener sus emociones.

Con el paso de los meses empezó a confiar en el proceso. A medida que perseveraba en su práctica diaria de calmarse y entrar en sí mismo para explorar sus sentimientos, James finalmente comenzó a vivir una experiencia diferente. Podía reconocer que esto estaba dando frutos. Su esposa recordó por qué se había enamorado de él. De nuevo, James pudo verlos, a ella y a sus hijos, como los maravillosos seres humanos que eran.

Aunque había alguna recaída ocasional en los antiguos comportamientos, esto ocurría cada vez menos, y el enorme corazón de James y su amorosa ternura emergieron para el deleite de las personas de su entorno. James me habló sobre sus compañeros de las fuerzas especiales y cómo ahora podía sentir su dolor y sus heridas. Le sugerí que se sentara con ellos y que sencillamente los escuchara cuando ellos necesitaran hablar. Me sonrió y me dijo: «¡Si pudieran verme ahora, llorando y admitiendo que tengo un corazón tan grande y tierno!». Nos reímos juntos. Supe que él estaba en su camino de regreso hacia sí mismo y que el cuarto mito ya no lo tenía preso.

Se calcula que un tercio de la población actual sufre los efectos de los traumas del pasado, por lo que aprender a sanar de esta manera es esencial para toda la sociedad.

Hacerlo cambiará la trayectoria de la herencia que transmitimos a nuestros hijos o infligimos sobre nuestras parejas y nuestra comunidad sin saberlo.

En el campo de la investigación sobre el apego, el doctor Daniel Siegel explica cómo tener una «narrativa coherente» acerca de la propia infancia es el mayor factor de predicción sobre si una historia traumática de apego será transmitida a los hijos de manera inconsciente.[4] Una narrativa coherente requiere autoconciencia y un grado suficiente de sanación de nuestra propia infancia y experiencia de apego. Esto nos permite reconocer y evitar repetir estos patrones con nuestros hijos. Se trata de un hallazgo esperanzador porque sugiere que podemos cambiar los patrones inconscientes con respecto a cómo nos conectamos o no con los que están más cerca de nosotros. Además, nacimos para compartir con el mundo ciertos dones y sanar de esta manera nos hace libres para manifestarlos.

5. El cerebro sabe más que el cuerpo

No dejan de desconcertarme las mentes brillantes que conozco y que ponen en duda el conocimiento que proviene de su instinto visceral, la inspiración de su corazón o la claridad que emerge de la sabiduría de sus huesos, todo lo cual les genera mucha confusión. En el mundo occidental se nos ha acostumbrado a confiar más en el hemisferio izquierdo del cerebro, más lógico y racional, que en el cuerpo.

En la última década, la neurociencia ha demostrado que el intestino (técnicamente, el sistema nervioso entérico, que se ha denominado incluso «el segundo cerebro») crea más neurotransmisores que nuestro propio cerebro.[5] Recientemente he leído una sorprendente investigación que desvela que «el cuerpo registra los eventos próximos a ocurrir antes de que la mente o el sistema visual los vean venir».[6] Muchas personas afirman haber vivido alguna circunstancia en la que su cuerpo actuó de forma sabia para protegerlas antes de que su mente tuviera tiempo de reaccionar. Y, sin embargo, la creencia en la supremacía de la mente sobre el cuerpo sigue siendo epidémica en nuestra cultura. Profundizaremos en esto más adelante.

Mi querida colega y amiga ya fallecida Emile Conrad solía decir: «Admítelo, Suzanne. Los que trabajamos en el área del trabajo corporal y el movimiento estamos en los establos. El resto de los académicos están ahí arriba, en la mansión, debatiendo sobre el futuro de la humanidad. Siendo honestas, nosotras seguimos en los establos, con los animales, porque nos enfocamos en la sabiduría del cuerpo». ¡Es hora de salir del establo! Una y otra vez observo evidencias de la separación entre la sabiduría del cuerpo y el cerebro. Esta falta de comprensión de nuestra sabiduría corporal causa estragos en nuestra salud y bienestar, y nos roba parte de nuestro potencial para la felicidad, así como la alegría y la sal de la vida.

El cuerpo es un sistema de navegación bien calibrado por naturaleza, por lo que es necesario aprender a escucharlo y respetar sus valoraciones en cada momento. Si no lo hacemos y dudamos de sus mensajes, estos terminarán silenciándose con el tiempo. La pérdida de nuestra sabiduría corporal nos hace vulnerables. Es limitante porque solo contamos con las señales del cerebro y las experiencias pasadas para orientarnos en la vida.

Nuestra experiencia sensorial del momento presente es la que proporciona al área prefrontal de nuestro cerebro los datos fundamentales para la toma de decisiones más sabia posible. Sin una conexión sensorial consciente con el presente, nos vemos obligados a mirar hacia el pasado. Las personas con historias traumáticas no resueltas están en una desventaja incluso mayor, debido a los lugares insensibles, congelados y dolorosos que albergan en sus cuerpos y obstaculizan el acceso a esta sabiduría.

Asombrado y confundido

Bartholomew es un brillante doctor y un excelente pediatra. Su cerebro le ha prestado un gran servicio. Cuando lo conocí, estaba buscando respuestas a un dolor de pierna que le había atormentado durante años. En nuestra entrevista inicial me di cuenta en seguida de que estaba buscando una razón médica y racional que explicara la persistencia de su dolor, que su visión médica alopática no había logrado esclarecer.

En la primera sesión craneosacral sintonicé con la sabiduría de su cuerpo y tomé su pierna y su pie suavemente entre mis manos. Él sintió en esa área un temblor interno que iba en aumento. Cuando sintonizó con la zona exacta de su dolor en la pierna, empezó a estremecerse aún más y su pierna comenzó a temblar visiblemente.

Para ayudarlo a comprender lo que estaba sucediendo, le expliqué brevemente el modelo del «quiste energético» del doctor John Upledger: la memoria traumática es aislada y encapsulada dentro del cuerpo, en forma de energía desorganizada y caótica, con el fin de ayudar al sistema a manejar aquello que resulta abrumador en el momento del trauma.[7] Solo cuando llega el momento adecuado, el cuerpo desea soltar esa energía caótica de forma natural para volver a funcionar óptimamente. Le aseguré que se trataba de un proceso natural de liberación del cuerpo, para que pudiera comprenderlo y relajarse ante los temblores y las otras sensaciones que estaban apareciendo.

Salió a la superficie un recuerdo real de un accidente que había sufrido una década antes. Mientras Bartholomew descansaba durante una caminata en un remoto cañón del oeste, una rama enorme se desprendió de un árbol, rebotó en su cabeza y aterrizó en su pierna. Al principio se quedó en *shock*, y tuvieron que ayudarle a levantar la pesada rama. Le preocupaba haberse roto la pierna, porque el impacto había sido muy fuerte, pero al final se recuperó y consiguió salir del cañón por sí mismo. Bartholomew había dejado este incidente atrás hacía mucho tiempo, pero su pierna no. Estaba algo confundido y totalmente asombrado. El temblor y la relajación de su pierna eran innegables. Sintió oleadas de conciencia de su pierna, mientras el dolor se disipaba. Cuando terminamos, su dolor había disminuido de forma significativa, y continuó mejorando.

Cuando Bartholomew volvió para la siguiente sesión, su mente analítica estaba de nuevo al volante. Aunque seguía sin dolor, dudaba de su experiencia. Su hemisferio cerebral izquierdo había vuelto a tomar las riendas y su sabiduría corporal estaba silenciada. Le recordé exactamente lo que había sucedido en nuestra sesión anterior. Era como si sufriera de amnesia con respecto al proceso. Ciertamente, no encajaba con ningún modelo que hubiera estudiado en la Facultad de Medicina.

Me di cuenta de que necesitaba más conciencia corporal, más experiencias de sensaciones internas para superar este prejuicio, así que le enseñé el «Proceso básico para habitar el cuerpo» que he estado perfeccionando durante años (véase el capítulo 4, Exploración N.° 2: «Proceso básico para habitar el cuerpo», páginas 89-97). Bartholomew lleva algunos años realizando esta práctica enfocada en el cuerpo. Ya no cuestiona, de entrada, la sabiduría de su cuerpo, aunque sigue confiando en su mente para que esta corrobore lo que siente, solo para asegurarse de que es real.

El precio de ignorar la sabiduría

Cuando Cassie llegó a mi consultorio, sufría un dolor permanente de piernas. Había corrido un maratón recientemente y, en la segunda mitad de la carrera, le habían empezado a doler las rodillas y espinillas. Decidió seguir corriendo y que sus endorfinas se hicieran cargo del problema, lo que consiguió agravarlo. Cassie no escuchó a su cuerpo, sino que siguió adelante, dejando que la agenda de su mente invalidara el evidente mensaje que le pedía que se detuviera. Cuando llegó a la línea de meta, Cassie ya cojeaba, y siguió cojeando desde entonces.

Mientras trabajábamos juntas se hizo patente que una de las razones por las que Cassie no sanaba era que estaba «enfadada con mi estúpido cuerpo por no hacer lo que quiero que haga». Es más, no les daba a sus piernas el descanso que necesitaban para recuperarse a causa de su enfado y frustración porque no se estaban comportando como debieran.

En la sesión de terapia craneosacral sostuve sus espinillas y sus rodillas, y sintonicé con lo que estaba sucediendo. Las sensaciones iniciales bajo mis manos eran de mucho calor e inflamación, y le pregunté qué sentía cuando dirigía su atención hacia las piernas. Al principio le costó mucho trabajo llegar allí, pero después registró la sensación de *shock* cuando comenzó a sentir el calor. Le expliqué que cuando un tejido está tan inflamado como el suyo, no hay fuerza de voluntad que pueda curar el área si la persona no está preparada para trabajar con la sabiduría del cuerpo en relación con lo que este necesita.

Cassie guardó silencio durante unos minutos y luego me confesó que, según su tradición familiar de inmigrantes asiáticos, había que forzar y superar las necesidades del cuerpo con el fin de sobrevivir. Esforzarse por hacer siempre más, llegar más lejos y no escuchar a su cuerpo era lo único que sabía hacer. En su familia, el cuerpo se veía como un siervo de la mente, cuyo único propósito era ascender en el estatus individual y familiar de su comunidad. Actualmente, esta actitud es casi epidémica dentro de muchos grupos étnicos de nuestra cultura.

Mientras yo seguía sujetando sus piernas, poco a poco se permitió reconocer cómo el sistema de creencias de su familia estaba impidiendo su proceso curativo. Dialogamos con sus piernas, y les hizo la promesa de permitirles descansar y sanar, demostrando cuánto las valoraba. Comprendió que no es lo mismo descanso que debilidad, sino que, de hecho, aquel es una señal de sabiduría corporal.

En unas semanas, sus piernas estaban en vías de curación, después de meses de inflamación y dolor. De esta manera se disolvió el quinto mito sobre el cuerpo y también Cassie se puso en camino de lograr una mayor sabiduría corporal para el resto de su vida.

¿Y ahora a dónde vamos?

Hoy en día, muchas personas son víctimas de alguno de estos mitos sobre el cuerpo, o de una combinación de ellos. Tómate un momento para considerar si hay alguno que esté obstaculizando tu vida. La conciencia es el primer paso para dejarlos ir. Para optar por otra cosa. Mientras no seamos conscientes de que están operando de fondo o en primer plano en nuestras vidas, y a menudo dirigiendo nuestras acciones y decisiones, seremos incapaces de cambiar el rumbo. Por supuesto, la segunda parte de esta ecuación es reconocerlos como mitos. Estas actitudes no son parte de nuestra naturaleza. Son adaptaciones, compensaciones y defensas contra aquello que ha ocurrido en nuestras vidas y en las de nuestros ancestros.

Cuando podemos reconocer estos mitos por lo que verdaderamente son —mitos—, nuevos horizontes se abren ante nosotros. Podemos tomar decisiones nuevas. Somos libres para ser quienes somos a un nivel más profundo y auténtico. Entonces experimentamos la vida de una forma más rica, con mayor alegría, facilidad, autenticidad, y todo lo que esto implica. No es que la vida se convierta en un jardín de rosas, pero tiene mayor resonancia con quienes verdaderamente somos a nivel espiritual.

3

Los rasgos distintivos de una salud óptima

Cómo encontrar el camino a casa

Amarse a uno mismo es el comienzo de un romance para toda la vida.

OSCAR WILDE

A medida que recorremos nuestros sistemas corporales para aprender a escuchar y utilizar su sabiduría, es fundamental prestar atención a los indicadores de una salud óptima, esos GPS que nos llevan en la dirección adecuada. Uno de los rasgos distintivos de cualquier sistema saludable es la conexión apropiada y constante entre todas sus partes. Cuando existe un buen flujo de información en todas las áreas, este contribuye a la vida de tu sistema, creando una sensación de bienestar y equilibrio.

Fronteras y conexiones saludables

A nivel microscópico se pueden aplicar los mismos principios de las fronteras y conexiones saludables. Como las células están dentro de una membrana, todas ellas interactúan comunicándose constantemente. Cada una de las células sanas recibe oxígeno y libera dióxido de carbono, lo cual permite la entrada a los nutrientes vivificantes y mantiene alejadas las sustancias tóxicas. Un sistema inmune fuerte nos protege de los patógenos de nuestro entorno de manera consistente.

A nivel macroscópico, estos principios también se cumplen. Una unidad familiar fuerte proporciona seguridad, estabilidad y amor, y es enriquecedora para todos sus miembros. En esta atmósfera segura desarrollamos la confianza de que nuestras necesidades pueden ser y serán cubiertas. Cuando las organizaciones son saludables, operan de un modo que apoya a los individuos dentro del sistema, la misión de la institución y el mundo en su conjunto.

¿Cuál es el problema?

Entonces, ¿qué es lo que nos pasa a los seres humanos? Ya desde el útero experimentamos a lo largo de nuestra vida situaciones que no siempre son óptimas. Algunas pueden ser persistentes, como la pobreza o los problemas crónicos de salud, pero a menudo se trata de conflictos cotidianos estresantes relacionados con el trabajo y la familia. El hecho es que las personas vivimos a diario acontecimientos que son traumatizantes en mayor o menor medida.

Cuando el cuerpo percibe una amenaza, reaccionamos instintivamente para protegernos. Los músculos se tensan y encorvamos los hombros. El corazón se acelera y la respiración se vuelve más superficial. Muchas veces, la columna se comprime, lo que nos causa dolor de cuello y de espalda.

Incluso puede que tropecemos o nos caigamos cuando nos apresuramos para llegar a algún sitio.

A menudo la ansiedad nos lleva a gritar a alguien que puede ser el objeto de nuestro temor o frustración, y muchas veces esa persona nos grita a su vez. Este comportamiento autoprotector se traduce en ciclos de tensión y dolor, a medida que vamos tensando el estómago, encorvando los hombros, comprimiendo el coxis y apretando la mandíbula. Así es como nuestro cuerpo intenta protegernos de un posible daño y prepararnos para la lucha o la huida.

Luego están los traumas ordinarios, los que pasan inadvertidos y que no reconocemos como tales. Esas «pequeñas» molestias no parecen relevantes en ese momento, pero nuestro modo de reaccionar a ellas va moldeando nuestro futuro. En vez de minimizar este tipo de traumas, quiero enfatizar su importancia. Aunque no seamos conscientes en el momento, su impacto puede ser profundo y crónico si no se procesa y se cura.

Por ejemplo, Tony es un enfermero muy comprometido que dirige un equipo de enfermería en el área de cuidados paliativos. Siempre parece tranquilo, imperturbable y servicial. Se ofrece como voluntario, se queda hasta tarde, tiene títulos adicionales, va impecablemente aseado y habla con suavidad. Se ha propuesto tres fechas diferentes para jubilarse, pero cuando cada una de ellas ha llegado, finalmente ha decidido continuar. Hace poco vino para una sesión tras haber sufrido un infarto.

Acostado sobre la camilla, se recordó parado en la parte superior de las escaleras de la casa de su infancia, escuchando a su madre soltera hablar por teléfono. Su hermano menor se había vuelto a romper el brazo y su madre no sabía cómo iba a pagar la factura del médico, ni cómo iba a faltar al trabajo para quedarse en casa con el niño.

Tony fue consciente de que ese es el momento en el que decidió dejarlo todo para asegurarse de que su madre no se preocupara: se ofreció voluntario para quedarse en casa con su hermano, se aseguraba de que la casa estuviera siempre limpia y mantenía un promedio excelente en la escuela. Toda su vida se había dedicado a cuidar a los demás, pero a costa de sí mismo.

La decisión que tomó aparentemente a la ligera en su temprana infancia generó una obligación que perduraba décadas después y que le estaba pasando factura a su salud. Historias como la de Tony son moneda corriente en mis cursos y en el consultorio: decisiones aparentemente «menores» que terminan afectando el rumbo completo de nuestras vidas, el ritmo que llevamos, o la gente con la que elegimos relacionarnos.

La investigación reciente sobre el trauma

En la última década han aparecido desde todos los ámbitos investigaciones muy interesantes sobre el trauma. Estos estudios señalan cómo los trastornos mentales, las enfermedades, el dolor crónico e incluso la tensión de cada día pueden ser el resultado directo de un trauma pasado no resuelto. Bessel van der Kolk y muchos otros han observado a las poblaciones en riesgo y el número de diagnósticos psiquiátricos (como el trastorno bipolar, el trastorno negativista desafiante, el TDAH, etc.) cuyas raíces son probablemente experiencias traumáticas.[1]

En la década de 1990, el *Estudio sobre experiencias adversas en la infancia,* dirigido por los Centros de Control y Prevención de enfermedades (CDC, por sus siglas en inglés) y Kaiser Permanente, observó la salud física y mental de personas adultas de mediana edad que habían vivido experiencias infantiles amenazadoras, negativas o de algún modo perjudiciales.[2] Entrevistaron a diecisiete mil pacientes desde 1995 hasta 1997 y encontraron que quienes habían acumulado un número significativo de experiencias adversas en la infancia tenían la salud y el funcionamiento adulto significativamente deteriorados en todos los niveles. El CDC continúa haciendo seguimiento de estos pacientes, por lo que sigue recopilando datos longitudinales. Veamos a continuación cómo se manifiesta este deterioro.

La tensión diaria y el trauma agudo

Como ya hemos visto, cuando sucede algo adverso, nuestros sistemas se tensan de forma natural y entran en estado de protección. Lo ideal sería que nos diésemos cuenta de cuándo la amenaza o el peligro cesan y soltásemos la tensión. Después de un largo y pesado trayecto hasta el trabajo, lo óptimo sería podernos relajar y entrar por la puerta en disposición de comenzar nuestra jornada. Lamentablemente, la mayoría de las personas olvidamos detenernos, respirar hondo y relajar el cuello y los hombros. Por el contrario, nos traemos la tensión de la carretera directamente al puesto de trabajo, lo cual no es el mejor modo de comenzar el día.

Tomemos como ejemplo el caso de Sally. Su gato había muerto tras una larga noche en el veterinario y se tenía que presentar en la oficina a primera hora de la mañana porque tenía una reunión importante. Experimentó un trauma emocional significativo antes de llegar a la oficina. Estaba apesadumbrada por la muerte de su mascota, pero sus emociones no tenían lugar en la reunión de negocios. Así que contuvo y retuvo su tristeza durante todo el día. Cuando finalmente llegó a casa, tenía un intenso dolor de cabeza y estaba demasiado exhausta como para permitir que sus verdaderos sentimientos salieran a la superficie y poder expresarlos.

Cuando el evento es una lesión física grave, debido a un accidente de coche, una caída, un golpe en la cabeza o cualquier traumatismo doloroso, la primera respuesta del cuerpo es el *shock*, el estado fundamental de protección. Este puede manifestarse como insensibilidad o parálisis. A menudo, el dolor no se registra hasta que el *shock* se ha disipado. Solo entonces puede comenzar el trabajo de autosanación del cuerpo. Los efectos de un trauma de este nivel pueden durar años, dependiendo de la gravedad de la lesión y del grado de atención que recibe.

Las experiencias nocivas crónicas

Otra forma de trauma consiste en acarrear un nivel de tensión crónico en el cuerpo, procedente de experiencias infantiles adversas, como el abuso o el abandono físico y emocional, un progenitor con trastornos mentales, o un entorno que no se percibe como seguro debido a la violencia o al consumo de drogas.[3] Las víctimas de abusos infantiles que se sienten abrumadas y bloqueadas pueden experimentar el trauma de una forma tan simple como dolor, insensibilidad o desconexión.

Con el fin de sobrevivir y continuar funcionando, el cuerpo encapsulará y aislará el efecto del trauma, de acuerdo con el modelo del quiste energético del doctor John Upledger, que ya mencioné en el capítulo 2. A menudo esta compartimentación es ajena a la conciencia despierta del niño. Puede que se sientan emocionalmente planos, con su sistema silenciado. Incapaces de experimentar respuestas emocionales normales ante los hechos ordinarios de cada día, es posible que lo expresen atacándose a sí mismos o a los demás, como si su cuerpo se estuviera intentando liberar del trauma a toda costa.

Por supuesto, las personas pueden experimentar una combinación de trauma crónico y agudo. Un ejemplo recurrente de esta tragedia es el abuso infantil crónico seguido de un evento que causa un trastorno del estrés postraumático, como las lesiones físicas y emocionales agudas que los soldados sufren mientras están en zona de guerra. Un estudio longitudinal histórico de Harvard demostró claramente que aquellos que no tienen antecedentes de trauma con el tiempo pueden recuperarse de los horrores de la guerra, mientras que quienes también han sufrido experiencias traumáticas en la infancia pueden seguir experimentando síntomas dolorosos e incapacitantes del trastorno del estrés postraumático, como pesadillas, *flashbacks* y disociación, incluso cincuenta años más tarde.[4] Las experiencias de la guerra hacen que las defensas previas del trauma infantil se refuercen y se bloqueen aún más profundamente en el sistema, lo que dificulta doblemente la curación de las secuelas.

El efecto del trauma bloqueado en el cuerpo

Si la salud óptima es aquella en la que el sistema completo se comunica constantemente de manera interna y externa, ¿qué sucede cuando los efectos del trauma se almacenan en los tejidos corporales?

En un sistema saludable, el cuerpo responde enviando recursos desde el sistema inmunológico hasta el lugar de la lesión o el traumatismo, para provocar una respuesta de sanación. Se da un aislamiento específico del área, de tal modo que esta pueda sanar mientras contiene los efectos del daño. A esto le sigue una oportuna reintegración una vez termina el proceso de sanación. Sin embargo, si la alteración es física y emocionalmente abrumadora, y no se resuelve de un modo favorable, el cuerpo creará un contenedor incluso más fuerte para la lesión.

En *Cuando el cuerpo dice NO*, Gabor Maté aborda los asuntos a largo plazo, «el precio que pagamos» cuando el trauma no resuelto sigue agravándose durante décadas.[5] Su investigación y sus observaciones clínicas han mostrado que la causa primordial de muchas de nuestras enfermedades crónicas puede ser el trauma temprano o los eventos traumáticos actuales. Esto incluye las enfermedades autoinmunes como la esclerosis múltiple, el lupus, la esclerodermia y otros trastornos debilitantes.

Cuando nuestro cuerpo se aferra al trauma de forma física, emocional o mental, se deteriora el intercambio saludable de nuestras células. Cuánto ha de durar este efecto y qué es necesario para su curación depende de muchos factores, pero la buena noticia es que sí es reparable. Este libro está concebido para enseñarte a estimular el proceso de reparación y mostrarte cómo volver a tomar las riendas de tu salud.

Experimentar el momento presente
requiere seguridad y conexión

Una de las consecuencias del trauma no resuelto es que impide realizar una valoración precisa de lo está sucediendo realmente en un momento dado. La conciencia del momento presente es prácticamente imposible para quienes viven atormentados por recuerdos o reminiscencias del pasado y por una ansiedad constante respecto del futuro. Cuando el sistema de navegación que informa sobre el momento presente está deteriorado, congelado o bloqueado por los recuerdos del trauma, la persona pasará por alto las señales que le indican que el peligro se aproxima o que podría tomar una cierta decisión porque se siente «correcta».

Esto significa que el primer paso para la recuperación de nuestras células y todo nuestro ser es regresar al momento presente, algo que requiere recobrar la sensación de seguridad. «Estar en el momento presente» es una orden excelente, pero extremadamente desafiante si no va acompañada de un sentido de seguridad física y emocional.

Dentro del sistema nervioso parasimpático, el nervio vago es el principal emisor de señales relativas a la seguridad y a la sensación de conexión saludable, según revela la investigación del doctor Stephen Porges.[6] En ella se muestra claramente que este sistema, tan elegante y automático cuando funciona de manera óptima, se encuentra gravemente deteriorado en los supervivientes del trauma y en otras poblaciones de riesgo.

Sus hallazgos respaldan mis experiencias clínicas y en el aula. Durante las últimas tres décadas, estas vivencias han sustentado mi búsqueda de mejores formas de ayudar a las personas a percibir el momento presente con todo el

cuerpo. La sensación interna de seguridad y conexión constituye un requisito fundamental para recuperar el cuerpo
y regresar a uno mismo de forma más plena en cada momento de la vida.

Así pues, ¿cuáles son los caminos más eficaces para
establecer una sensación de seguridad y conexión sanadora y nutritiva? El enfoque más efectivo que he encontrado
es el «tacto nutritivo»: desde la perspectiva profesional, a
través de la terapia craneosacral, y en lo personal, mediante
cálidos abrazos y otras formas de afecto físico.

El tacto nutritivo

El tacto nutritivo es una forma primordial de saber quiénes
somos y dónde estamos como seres humanos. Notar un
contacto seguro y enriquecedor nos hace más conscientes
de lo que está sucediendo en el momento presente. Se ha
investigado durante décadas acerca de cómo un tacto apropiado desde el nacimiento aumenta la resiliencia física, la
salud, la inteligencia y la creatividad.[7]

Al encontrarnos en la camilla de un buen profesional,
podemos acceder a unas sensaciones y a una sabiduría interior que anteriormente se encontraban fuera de la conciencia. Un trabajo corporal de alta calidad, del tipo que sea,
nos puede ayudar a sentir mejor lo que somos.

Me encanta la siguiente cita del psiquiatra Bessel van
der Kolk, uno de los principales defensores actuales de las
terapias manuales para la curación del trauma.

El tacto me ayudó enormemente. Estaba estrictamente prohibido en mi formación y seriamente

descuidado durante mi crianza, pero... me ayudó a hacerme más consciente de mis experiencias internas y me hizo comprender su enorme poder para ayudar a las personas a obtener, unas de otras, el consuelo y la seguridad fisiológica. Tomar conciencia de las sensaciones internas, de los sentimientos fundamentales, nos permite acceder a la experiencia directa de nuestro cuerpo vivo.[8]

Esa experiencia directa de nuestro cuerpo vivo es fundamental para la sanación, sea cual sea la causa de nuestro sufrimiento. Ahora que tenemos una mejor comprensión del trauma humano y apreciamos el papel que puede desempeñar un apoyo terapéutico adecuado, nuestro proceso de curación puede ser más eficaz y disfrutarse.

Me entusiasma compartir lo que he aprendido acerca de los centros de sabiduría del cuerpo y cómo cada área de quienes somos tiene su propio conocimiento único. Los susurros del corazón son diferentes de las señales del intestino. La energía de la pelvis parte de la información que proporcionan los huesos y se activa gracias al motor de las piernas y los pies. Aprovechar toda esa sabiduría y combinarla con un cerebro flexible e integrador te ayudará a vivir de una forma más plena.

En los capítulos 5 a 10 nos sumergiremos en las principales áreas del cuerpo —el corazón, el abdomen, la pelvis, las piernas y los pies, los huesos y el cerebro— y exploraremos cómo sus funciones únicas participan en el proceso de desarrollar una presencia corporal plena. También descubriremos cómo todas estas áreas se encuentran interconectadas y se comunican entre sí cuando nuestro funcionamiento es óptimo. A veces nuestro principal obstáculo para la sanación es que un área de sabiduría está tratando erróneamente de actuar de manera autónoma, es decir, de superar en solitario los retos de la vida, cuando las demás áreas están ahí, dispuestas a trabajar en equipo.

En el siguiente capítulo se prepara el escenario para explorar estas áreas de sabiduría del cuerpo, presentando diversos modos de experimentar sensaciones directas. Es necesario desarrollar esta habilidad para poder escuchar los mensajes del cuerpo.

4

Habitar plenamente el cuerpo

Prácticas para la vida

Y le dije a mi cuerpo, suavemente: «Quiero ser tu amiga». Tomó un largo respiro y respondió: «He estado esperando esto toda mi vida».

NAYYIRAH WAHEED

Este capítulo presenta tres prácticas o exploraciones que los lectores de mi primer libro, *Full Body Presence* [*Presencia corporal plena*], reconocerán como a viejos amigos. En ellas se trabajan las habilidades que necesitas para profundizar en el proceso de habitar el cuerpo y practicar la vivencia real de tu paisaje interno. El conocimiento conceptual por sí mismo no sustituye la experiencia directa.

La mente lineal tiende a desechar este proceso por su simplicidad. Pero no te dejes engañar: este proceso implica profundos cambios en la forma en que experimentas tu vida. Brindará a tu conciencia interna —a tu conciencia despierta— una riqueza y una profundidad que son esenciales. Tal vez nuestras facultades mentales puedan concebir este proceso, pero a cierta distancia. Te invito a adentrarte en este río grande y apacible, en vez de quedarte observando desde la orilla.

Las tres primeras exploraciones están basadas en la comprensión de que la tierra constituye nuestros cimientos y es un recurso esencial para nuestro cuerpo físico. Quiénes somos, cómo están formadas nuestras células y su funcionamiento, todo ello está relacionado con la tierra y su campo de gravedad. La conciencia interna y la atención consciente son vitales, pero si no reconocemos el campo más amplio dentro del cual existimos, corremos el riesgo de aislarnos de un recurso nutritivo fundamental que está a nuestra disposición mientras vivimos.

Además, cada uno de los seis capítulos correspondientes a las «áreas de sabiduría» cuenta con una exploración específica y, si se toman en conjunto, sirven para combinar las sensaciones del corazón, de la región del abdomen, de la pelvis, de las piernas y los pies, de los huesos y del cerebro, dentro de un único sistema unificado, integrado y poderoso: tú. Esto aportará profundidad y riqueza a tu experiencia directa de vivir. Las tres exploraciones de este capítulo se detallan a continuación:

Despertando la conciencia: la Exploración N.° 1 se centra en reconocer en qué punto te encuentras al inicio, sin marcarte ninguna intención, solo una escucha sencilla y profunda, que presta atención a cualquier señal o información que tu paisaje interno te pueda proporcionar desde este lugar neutral.

Proceso básico para habitar el cuerpo: la Exploración N.° 2 sostiene y rellena el contenedor de lo que eres con sensaciones nutritivas y enriquecedoras. Este proceso te permite ofrecer a cada célula de tu ser sensaciones que te nutren a un nivel esencial, con atención consciente y de forma intencionada.

Sanar la resistencia interna a la vida: en la Exploración N.° 3 aprenderás a integrar esos lugares que todavía sientes desconectados dentro de ti. Todos los tenemos. Es una habilidad esencial para la vida misma saber cómo regresar a la unidad y la integración de esos compartimentos desconectados de lo que somos, de una manera suave pero poderosa.

Aunque conozcas y hayas trabajado las tres exploraciones básicas que aparecen en mi libro anterior, te sugiero que leas las indicaciones porque las he actualizado. Durante los últimos veinticinco años he descubierto muchos matices sutiles que clarifican y ayudan en el proceso de permanecer en el momento presente de la experiencia directa de las sensaciones, que aportan una significativa profundidad a la práctica. Espero que también a ti te resulten útiles.

Si no conoces estas exploraciones, lee las instrucciones detenidamente y practica las tres. Constituyen los cimientos para una experiencia óptima de las seis áreas de sabiduría y sus meditaciones individuales, que encontrarás en los capítulos siguientes.

Por último, todas las exploraciones contenidas en este libro están disponibles como archivos de audio que puedes descargar en línea. Son una parte esencial de este material. He proporcionado las transcripciones de estos archivos para los que prefieren leer las exploraciones, o tienen dificultades con la comprensión auditiva. Sin embargo, una vez hayas leído las transcripciones, te recomiendo practicar cada exploración con el audio, para poder experimentarlo con los ojos cerrados.

Para descargar los archivos de audio de cualquiera de las exploraciones, dirígete a www.healingfromthecore.com/book-downloads. Una vez allí, presiona el botón de descarga.

Cómo practicar las exploraciones

Encuentra un lugar adecuado: Es preferible realizar las prácticas en un sitio tranquilo, sin interrupciones. Te recomiendo que apagues o silencies los aparatos tecnológicos que no sean necesarios para la exploración de audiominimiza también el ruido ambiental, en la medida de lo posible.

Advertencia: No escuches ninguna de estas exploraciones mientras estás al volante u operando maquinaria pesada, pues este material puede inducir en el oyente un estado profundo de conciencia relajada y puede causar somnolencia.

Mantén tus pies en contacto con el suelo: Siéntate cómodamente, con la espalda recostada y las plantas de tus pies en contacto con el suelo. Te puedes dejar los zapatos puestos si son cómodos y permiten este contacto pleno con lo que hay debajo.

Nota: Durante casi dos décadas practiqué la meditación con las piernas flexionadas en la posición del loto completo, pero descubrí es que esta postura no permite un flujo fácil de la energía por debajo de las caderas, por lo que resulta contraproducente para cultivar una sensación de presencia en piernas y pies.

Si la posición sentada te produce incomodidad o distracción, puedes realizar estas exploraciones en posición tumbada boca arriba, con las rodillas flexionadas y las plantas de los pies plenamente sobre el suelo (o la superficie sobre la que te encuentres). Esta postura no es la ideal, porque puede producir somnolencia, pero puede funcionar. A lo largo de los años, mucha gente me ha contado que inicia el día escuchando mis exploraciones mientras aún están acostados en la cama, con buenos resultados.

Mantén los ojos cerrados o semicerrados: Puedes entrar mejor en el mundo de tu paisaje interno cuando tu sistema visual está completa o parcialmente relajado. Si tienes la tendencia a quedarte dormido cuando cierras los ojos, déjalos parcialmente cerrados sin enfocar nada en particular.

Nota: Si tiendes a quedarte dormido al cerrar los ojos, añade un movimiento o tacto suave para evitar que las partes conscientes del cerebro se desconecten por completo, lo cual podría inducir al sueño. Una forma de hacerlo es trazar círculos en las rodillas con tus manos, despacio y suave. Otro método que funciona consiste en deslizar las manos lentamente hacia arriba y hacia abajo por la parte externa de los muslos.

Preparación conceptual para las exploraciones

Las sensaciones son nuestra piedra angular: Durante las exploraciones, permítete notar cualquier sensación básica que aparezca: temperatura, textura, color, forma, peso, densidad y simetría. Siente estas sensaciones de forma directa, libre de juicios o interpretaciones: solo como percepciones simples de tu experiencia del momento presente, sin ninguna narrativa. Son el alfabeto para el lenguaje de tu paisaje interno.

Por ejemplo, puede que notes sensaciones en el espectro desde lo húmedo hasta lo seco, así como relativas a la temperatura: caliente, cálido, tibio, fresco, frío o incluso helado. Puede que sientas compresión y densidad, o una sensación de espacio suelto o tenso pesado o ligero afilado o romo tintineo, vibración, zumbido o palpitación chispeante y eléctrico, o suave, calmado y tranquilo. Si eres una persona visual, puede que veas colores o recibas imágenes visuales: simplemente ábrete a las sensaciones que los colores o imágenes evocan, como la calidez del sol brillante o la frescura de la luz plateada de la luna. Puede que experimentes una variedad de sensaciones gustativas: dulce, amargo, salado, etc. u olfativas: aromático, mohoso o floral. La experiencia de cada persona es completamente única, de modo que, si se presentan otras sensaciones, dales la bienvenida. Es muy probable que tu experiencia vaya cambiando también con el tiempo y la práctica.

Es importante registrar la sensación en tu conciencia despierta sin interpretarla: evita las narrativas que te lleven al pasado o al futuro. A este nivel de conciencia que te permite permanecer con mayor facilidad en el momento presente de tu experiencia inmediata lo he llamado «información profunda».

Si surge una historia o una emoción, debes saber que no te has equivocado o lo estás «haciendo mal»: es algo que sucede con frecuencia, no solo te pasa a ti. Basta con que desciendas hasta la capa que hay por debajo del estado emocional, y entres de nuevo en tu experiencia de la sensación directa.

Llevando de nuevo tu atención a la sensación inmediata, evitarás salirte del momento y transportarte a la narrativa que las emociones suelen evocar. Explora con curiosidad las sensaciones que hay por debajo de la emoción. Por ejemplo, el duelo podría sentirse como húmedo y pesado, con matices de color oscuros. El enojo podría sentirse caliente o frío tal vez eléctrico y de apariencia roja. La gratitud se puede sentir cálida y espaciosa. La vergüenza, tensa o contraída, con una oleada de calor en la cara. El miedo se puede sentir como una contracción o un zumbido. ¡Las posibilidades son ilimitadas!

Escucha las respuestas sensoriales de tu cuerpo: Tu paisaje interno te habla a través de las sensaciones percibidas, las imágenes, las palabras escuchadas internamente y otros chispazos de intuición. A medida que escuchas la exploración de audio, permítete simplemente notar y sentir cualquier cosa que aparezca en esa área de tu cuerpo en respuesta a las preguntas.

Ve a tu propio ritmo: Si necesitas ir más despacio en alguna zona y tomarte más tiempo, hazlo. Estas exploraciones solamente te guían hacia el territorio en el que tu propia sabiduría interna puede ofrecerte algún tipo de información profunda. Cuando eso suceda, permite que la voz que guía la exploración se aleje y permanece con la sabiduría que te informa.

Preparación espiritual para las exploraciones

Hay tres atributos que considero fundamentales para la preparación espiritual, porque pueden llevarte a una experiencia mucho más profunda: la curiosidad, la conciencia y la confianza.

Despierta tu curiosidad: Deja que tu mente crítica se tome un descanso. Solo observa con curiosidad las nuevas sensaciones internas, y ábrete a los nuevos descubrimientos. Una actitud libre de juicios favorece que surja una conciencia innovadora.

Cuando sientas que un juicio está intentando colarse de nuevo por la puerta, y es muy probable que lo haga (¡tal vez incluso en múltiples ocasiones!), sencillamente reconócelo y, de forma suave pero firme, acompáñalo a la salida. Nada nos saca más de la experiencia directa de la conciencia del momento presente que los juicios, con sus historias, reglas y conclusiones cargadas emocionalmente, sobre nosotros mismos, de los demás o del mundo.

Abraza la conciencia del momento presente: Considera todo como simple información. Sean cuales sean las sensaciones directas, las corazonadas o los momentos de revelación que lleguen a tu conciencia, simplemente dales la bienvenida, reconócelos y, cuando estés preparado, sigue adelante con la menor cantidad de juicios posible.

Los estados profundos de conciencia, que denomino «conciencia expandida», pueden surgir cuando reconoces que toda la extensión del tiempo existe solo en el momento presente. Lo que necesites del futuro, o que sea relevante o deba ser sanado del pasado, puede mantenerse en tu conciencia en el momento presente.

Confía en el proceso: A medida que despiertas tu curiosidad y abrazas la conciencia del momento presente, confiar en el proceso aumenta la experiencia. El atributo de la confianza abre las puertas a un sinfín de posibilidades para encontrar soluciones sanas y creativas a las cuestiones más problemáticas de la vida.

Muchas personas han sufrido traumas que hacen difícil confiar en el momento presente. Sin embargo, en lugar de actuar o pensar con el piloto automático (normalmente dirigido por experiencias antiguas que inducen al miedo), debes saber que, cuando confías en tu conciencia del momento presente y vas a tu propio ritmo, el flujo natural de la vida se despliega con mucha más gracia y facilidad.

Con todo esto en mente, descarga el audio y practica cada una de las tres exploraciones básicas que encontrarás a continuación. Te darán una excelente idea general de tu paisaje interno. Su eficacia ha sido contrastada a lo largo del tiempo, funcionan mejor si se practican con regularidad y aportarán más significado y resonancia a cada una de las otras exploraciones de la sabiduría corporal que se ofrecen en los capítulos siguientes. ¡Que lo disfrutes!

Exploración N.º 1
Despertando la conciencia
¿Dónde estoy en este momento?

Te doy la bienvenida a la Exploración N.º 1: «Despertando la conciencia. ¿Dónde estoy en este momento?». Comenzamos centrando nuestra atención en nosotros mismos de una forma neutral, liberándonos de las expectativas, las obligaciones y las críticas. Nos damos permiso para responder sin esfuerzo ni control a las siguientes sugerencias, sabiendo que la respuesta ideal será aquella que el cuerpo, que representa la conciencia, manifieste espontáneamente a medida que vayamos avanzando.

Nuestra experiencia práctica irá cambiando y cobrando más profundidad con cada repetición y a medida que se vaya desplegando el proceso.

Elijamos un asiento cómodo donde la columna esté bien apoyada y las plantas de los pies en completo contacto con el suelo. Nos tomamos un momento para acomodarnos antes de comenzar.

Cerramos total o parcialmente los ojos, según podamos, y comenzamos a llevar la atención hacia nuestro interior. Dirigimos nuestra atención y nuestra curiosidad de exploración hacia la respiración, siguiendo la inhalación hasta los pulmones e invitando a nuestra atención a que entre dentro de nuestro cuerpo, dejando al mundo exterior fuera de esta experiencia.

Comenzamos haciendo una lectura básica de nuestro interior, desplegando una mirada panorámica. Adoptamos una actitud curiosa ante aquello que pueda aparecer en nuestra conciencia.

Hacemos un escaneo de todo el cuerpo, de pies a cabeza, notando las áreas que están cómodas y confortables. ¿Dónde sentimos mayor conexión? Podríamos percibir sensaciones de calor o de frío, de congestión o de amplitud. Observa. No importa lo sutiles que sean las sensaciones. Buscamos estar presentes en el área o las áreas de mayor conexión.

Observamos ahora las áreas internas donde estamos menos presentes, allí donde la sensación sea menor, haya dolor o incluso nos sintamos anestesiados. Simplemente observamos, sin juicios. Podríamos sentir incomodidad o falta de percepción. Incluso ciertas áreas podrían sentirse más distantes. Permanezcamos presentes en el área o las áreas de menor conexión.

Internamente, seguimos haciendo un escaneo de forma relajada. Estamos realizando una simple radiografía sensorial de cómo nos sentimos en general al comenzar.

Ahora volvemos nuestra atención a la respiración con una actitud curiosa ante las sensaciones sutiles de la respiración. Notamos la temperatura del aire cuando entra por la nariz y la garganta, y cómo viaja hasta los pulmones. ¿La temperatura es fría o caliente?

Sentimos la expansión y la contracción de las costillas. ¿Existe alguna restricción al respirar o la respiración se siente fluida y plena?

¿Dónde estamos más presentes en este momento, en la parte de adelante o de atrás del cuerpo? ¿O quizá percibimos ambas partes por igual?

Al inhalar y al exhalar, ¿notamos cómo el pecho se ensancha y estrecha o tal vez somos más conscientes de cómo la espalda está apoyada en la silla?

Dejemos que la atención se dirija ahora hacia el cuello y la cabeza. ¿Cómo sentimos estas áreas? ¿Cómo están los ojos? ¿Hay alguna sensación de tensión o están relajados? ¿Cómo sentimos el contacto de nuestras mejillas con el aire? ¿Cómo está nuestra boca? ¿Está la mandíbula tensa o relajada? ¿Qué podemos notar en los dientes, las encías y la lengua? ¿Cómo percibimos el cuello ahora? Quizá un lado esté más relajado que el otro. ¿Cómo está la garganta?

Regresemos al pecho. Notemos la respiración nuevamente. Ahora con una mayor percepción. ¿Siento algún cambio? ¿Cómo percibimos ahora la expansión y la contracción de las costillas? ¿Cómo está nuestro corazón? Percibimos las sensaciones en el área cardíaca, sin interpretarlas. ¿Cómo late nuestro corazón? Prestamos atención a nuestras diferentes formas de sentir. Nuestro corazón podría manifestarse en nuestra imaginación con algún color en particular.

Y dejando que la atención se expanda desde el área del corazón, notamos las sensaciones fluyendo al resto del pecho. A los hombros, las cervicales superiores, los brazos, las manos y los dedos.

¿Cómo se sienten los brazos y las manos? ¿Pesados o livianos? ¿Distantes o conectados con el pecho y corazón? ¿Laten o vibran?

Ahora volvemos nuestra atención a la respiración, permitiendo que la conciencia se sumerja más profundamente con cada exhalación. Dirijámonos ahora al torso, profundizando y expandiendo con cada respiración. Observo atentamente.

¿Algún lado del torso se encuentra más denso o más liviano que el otro? ¿Más grande o más pequeño? ¿O están ambos lados equilibrados?

¿Existe alguna tensión, color o pulsación en particular que percibamos en alguna parte del torso?

¿Cómo percibimos la columna apoyada contra la silla?

¿Qué notamos más? ¿El área cervical, más abajo hacia el sacro, o se siente la misma energía a lo largo de toda la columna?

De ser necesario, reajustamos nuestro cuerpo suavemente para sentir mejor la espina dorsal.

¿Se siente sólida y uniforme o hay menos sensación allí?

Notamos ahora la conexión con los huesos de la columna. Sin juzgar. Simplemente observando. Bien.

Dirijamos la atención a la profundidad de la pelvis, a la conexión con la silla en la que estamos sentados.

¿Cómo sentimos los isquiones —los huesos de los glúteos— ante el contacto con la silla? ¿Está un lado más apoyado que el otro o se sienten ambos lados igualmente apoyados?

¿Cómo es la sensación en la parte superior de las piernas y los muslos sobre la silla?

¿Se sienten conectados al cuerpo?

¿Podemos sentir los huesos de los muslos?

¿Y las rodillas? ¿Notamos una diferente a la otra o se sienten ambas iguales? ¿Están rígidas o flexibles?

¿Aparece en la imaginación algún color o textura en particular?

¿Cómo están las pantorrillas?

¿Percibimos que están lejos de la cabeza y el torso o que están conectadas y uniformes?

¿Se sienten iguales o hay una más relajada que la otra? ¿O hay alguna más densa que la otra?

¿Qué sensaciones experimentamos en los pies? ¿Son diferentes o similares para ambos?

¿Sentimos los dedos del pie? ¿Percibimos los talones igual que los arcos y los metatarsos?

¿Se encuentran ambos pies descansando relajada y completamente sobre el suelo o se siente uno más conectado que el otro?

Simplemente percibo. Bien.

Y ahora nos tomamos un momento para escanear todo el sistema una vez más, repasando nuestro paisaje interior con una mirada panorámica, como lo hicimos al comienzo.

A medida que la conciencia se agudiza, ¿qué notamos? ¿Hay algún cambio desde el primer escaneo del cuerpo?

Cualquier información sensorial es bienvenida: colores, texturas, áreas oscuras y claras, simetrías y asimetrías, siempre adoptando una actitud curiosa, simplemente percibiendo.

Una vez que hemos finalizado, dejemos que la atención retorne al mundo exterior. Suavemente abrimos los ojos y notamos cómo se siente ahora el mundo que nos rodea en comparación con el comienzo. Agradecemos habernos tomado el tiempo para profundizar en nuestra conciencia interior.

Exploración N.º 2

Proceso básico para habitar el cuerpo.
Nutrir y recargar el contenedor de nuestro ser

Te doy la bienvenida a la Exploración N.º 2: «Proceso básico para habitar el cuerpo. Nutrir y recargar el contenedor de nuestro ser».

Comenzamos llevando la atención hacia nuestro interior. A medida que el proceso avanza, dejamos que las respuestas a las siguientes sugerencias y preguntas vayan surgiendo de forma natural y sin esfuerzo, sabiendo que la respuesta ideal es aquella que nuestro cuerpo y nuestra conciencia manifiesten espontáneamente.

Nuestra experiencia práctica irá cambiando y cobrando más profundidad con cada repetición.

Nos ponemos cómodos, cerrando parcial o totalmente los ojos, con los pies relajados y completamente apoyados sobre el suelo. Y dejamos que nuestra curiosidad —la libertad de descubrir— dirija la conciencia plena en esta exploración, para que así liberemos cualquier expectativa o crítica a medida que vayamos avanzando.

Siguiendo nuestra respiración, dirigimos la atención hacia nuestro paisaje interno, sintiendo la expansión y la compresión de la caja torácica con cada inhalación y exhalación, respirando normalmente y notando las sensaciones: la temperatura del aire en las fosas nasales, la sensación del aire viajando a los pulmones, el pecho elevándose y descendiendo, la sensación de los huesos de la espalda sobre el respaldo de la silla. Observando, con una actitud curiosa.

¿Dónde estamos más presentes en nuestro cuerpo en este momento y dónde no?

¿Dónde nos sentimos más cómodos y relajados, y dónde nos sentimos más anestesiados o con dolor? Tomamos una fotografía sensorial que nos permita obtener un punto de referencia para comenzar.

Respiramos cómodamente, dejando que la conciencia vaya hacia nuestros pies a través del torso.

¿Están los isquiones —los huesos de los glúteos— apoyados uniformemente sobre la silla? ¿Cómo sientes hoy las rodillas? ¿Sentimos los pies apoyados en el suelo? Percibimos. Sin juicios.

Ahora tomamos contacto con la tierra, hacia abajo, atravesándola, sintiendo su rica y abundante energía.

Dirigimos la atención debajo de los pies, dentro del campo de la tierra, como si nos proyectáramos a través de raíces o rayos de luz, o navegáramos en un río. Usemos la imagen que prefiramos.

¿Percibimos la tierra que tenemos debajo? Dejemos que las sensaciones surjan sin críticas. ¿La tierra es fría o caliente? ¿Es compacta y rocosa? ¿O nos estamos moviendo entre arena y tierra suelta? Registramos cualquier sensación, aun cuando no sepamos exactamente de dónde viene.

Ahora, suavemente, entramos en la tierra a mayor profundidad, como si no hubiera resistencia, viajando a través de nuestras raíces o rayos de luz o siguiendo el río de la conciencia, y llegamos hasta la profundidad con la que nos sintamos a gusto en este momento.

Quizá nuestras raíces están de camino hacia el centro de la tierra o, por el contrario, nos encontramos extendiendo una alfombra de pequeñas raíces en la superficie de la tierra. O tal vez podemos sentir únicamente cómo la tierra toca nuestros pies. Sea donde sea que nos encontremos, está bien.

Continuamos advirtiendo las sensaciones que surgen al explorar nuestra percepción de la tierra bajo nuestros pies. Sentimos esta conexión segura, incondicional y de apoyo que se encuentra fuera de nosotros. Y si aún percibimos un exceso de tensión, buscamos liberarla tomando una respiración profunda para poder exhalar la tensión.

Permitimos que la tensión fluya como agua hacia lo más profundo y ancho de la tierra. También podemos liberarla a través de los poros de la piel, como rocío que se evapora con el contacto de la brisa fresca. Sienta bien soltar cualquier exceso de tensión, lo que ya no es útil.

Y ahora dedicamos la atención a recibir aquello que nos resulta más nutritivo y revitalizador, comenzando por los pies, e invitando al campo energético de la tierra a que empiece a llenar nuestro cuerpo —nuestro contenedor— preguntándonos: ¿qué sería lo más nutritivo y revitalizador para mis pies en este momento? ¿Calor o frío? ¿Sentimos una pulsación profunda o un zumbido de tono agudo? Mantenemos la atención en todas las pistas sensoriales.

Nuestra imaginación podría manifestar un color en particular: un fresco verde azulado, un tono naranja cálido o cualquier otro color.

Llenamos nuestros pies, dejando que entren por la piel sensaciones enriquecedoras desde la tierra, bañando todos los músculos, ligamentos y tendones, cargando completamente cada célula desde el centro de la médula hasta la capa más externa de la piel. Los huesos son como robustas esponjas, provistas de cientos de pequeños espacios de aire. Dejemos entonces que nuestros huesos absorban esta energía nutritiva y revitalizadora como si fuesen esponjas que se empapan de agua pura y clara.

Puede que notemos que nuestros pies se alargan y ensanchan a medida que se van llenando de energía. También puede ser que un pie se llene de una forma más completa y rápida que el otro.

Vemos qué se siente al tener mayor conciencia.

A medida que visualizamos cómo nuestros pies reciben sensaciones nutritivas, podemos sentirlos diferentes.

Buscamos no juzgar si estamos percibiendo mucho o poco. Dejamos que la curiosidad dirija la exploración, percibimos las sensaciones que van apareciendo.

Continuamos a un ritmo cómodo. Invitamos a subir a nuestros tobillos sensaciones revitalizadoras. Nuevamente dejamos que la sensación penetre en nuestros huesos y se difunda hasta alcanzar la piel. Preguntamos a nuestros tobillos: ¿qué es lo que les nutriría más en este momento?

¿Cómo sentimos nuestras pantorrillas? ¿Qué sensación sería más nutritiva para ellas? ¿Frío o calor? ¿Pulsaciones o vibraciones? ¿Quizá la sensación de un estiramiento largo y lento? Nos permitimos recibir sensaciones nutritivas en nuestras pantorrillas en este momento, dejando que todas nuestras células se llenen y se expandan tanto como podamos.

¿Qué sentimos más sanador y revitalizador en las rodillas? Invitamos a esa sensación a que vaya penetrando en todos los rincones y grietas de nuestras rodillas, absorbiendo toda esta energía de recarga.

Si en el proceso notamos que algún área presenta mayor dificultad para recibir sensaciones nutritivas, simplemente la observamos, permitimos que ese lugar tome lo que pueda y abrazamos esa zona suavemente con nuestra atención, siguiendo a nuestro ritmo.

¿Qué observamos en nuestros muslos? Dejamos que esta sensación nutritiva sea absorbida desde el centro de la médula ósea de los muslos hasta la piel, que fluya desde la tierra a través de nuestros pies, pantorrillas y rodillas, directamente hasta los muslos. Bien.

Nos estamos bañando en un río de sensaciones nutritivas y las estamos absorbiendo.

Permitimos que las sensaciones nutritivas y de seguridad comiencen a llenar nuestras caderas. ¿Qué notas más nutritivo y sanador en los isquiones, los huesos de la cadera y el sacro, ese hueso en forma de V que tenemos en la base de la columna? Percibamos cómo todo el suelo pélvico va absorbiendo estos nutrientes como una esponja en una pila de agua clara.

¿Y qué sería más nutritivo y vivificante para nuestro abdomen? Tomemos una inhalación profunda, abrazando esta área con nuestra atención, dejando que se llene y se relaje. Permitámonos sentir aquí nuestra presencia, ya que en este lugar hay una energía abundante y maravillosa esperando ser despertada.

Sí. Podríamos sentir cómo la zona de alrededor y debajo de nuestro ombligo se abre suavemente, llenándose desde las piernas hacia el abdomen, moviéndose posteriormente hacia la espalda e irradiando desde ahí hacia los lados permitiendo así que tu sistema reproductivo, tus genitales y tu sistema digestivo se sumerjan en una sensación nutritiva.

Y si nos damos cuenta de que nuestra mente se distrae por un momento, simplemente reorientamos nuestra atención recordándole nuestro propósito: «Ah, sí, me estaba tomando un tiempo para hacer una pausa y nutrirme».

Dejamos que este flujo de energía nutritiva impregne nuestra columna. ¿Es caliente o fría? ¿Percibimos en nuestra imaginación algún color en particular? Observamos cómo cada vértebra a lo largo de la columna y la médula espinal, dentro del canal vertebral, absorbe todo lo que considera más sanador y relajante en este momento.

Durante esta fase es útil respirar lo más suave y profundamente que podamos, ya que la respiración moviliza la columna desde dentro hacia fuera, y nos aporta mayor percepción sensorial.

Además, sentir nuestra columna contra el respaldo de la silla, o donde se encuentre apoyada, nos ofrece mayor información sensorial acerca de los huesos de nuestra espalda.

Si encontramos un área con dolor, podríamos notar que, por un momento, el dolor se intensifica. De ser así, simplemente nos damos permiso para permanecer con el dolor de la mejor forma posible. No tratamos de cambiarlo ni de eliminarlo. Simplemente lo acompañamos con suavidad, permitiendo que en este momento absorba toda la energía nutritiva y reconfortante que pueda.

Y podríamos notar que, mientras el resto del cuerpo nos pide un color rojo rosado, el área con dolor pareciera pedirnos un color distinto, quizá un azul fresco y agradable, o un verde o plateado claro. Dejamos que absorba todo lo nutritivo que pueda.

Ahora, ¿qué sientes más nutritivo para el pecho, los pulmones y el corazón? Puede que te resulte agradable la sensación de una simple y profunda respiración, que llene de oxígeno puro los pulmones y el corazón, y que desde allí se expanda a todas las células a medida que inhalamos y exhalamos.

¿Y qué sentimos como más relajante y energizante en los hombros y en la caja torácica superior y posterior? Yo a menudo evoco la sensación de sentirme acurrucada en una manta suave. ¿Qué sentiríamos más nutritivo para los hombros, aquí y ahora?

Sigamos relajándonos y continuemos recibiendo las sensaciones de autonutrición, incorporando lo que nos aporta más nutrición ahora. A menudo nuestra mente no sabe la respuesta cuando preguntamos internamente. Y sin embargo, podría presentarse una sensación relajante, nutritiva o vivificante. Simplemente permanecemos abiertos a recibirla lo mejor que podamos.

¿Y qué sentimos más relajante y vivificante en los brazos, en la parte superior de los brazos, codos, antebrazos, y hacia abajo, en las manos? Dejamos que los dedos se estiren suavemente para captar el flujo nutritivo que baja por nuestros brazos hacia las manos y los dedos.

¿Y qué percibimos como nutritivo para el cuello y la garganta? ¿Frío o calor? ¿Quizá la sensación de amplitud y movimiento? ¿Qué podría ser sanador y vivificante en esta zona? Nos disponemos a recibir ahora con la mayor plenitud posible.

¿Qué hay de nuestra cara, nuestra mandíbula y nuestros ojos? ¿Qué sensación resulta más relajante y vivificante aquí?

Permitamos que esa sensación nutritiva se filtre todo el camino hasta la parte más posterior de la cabeza, llenando y relajando todo nuestro cerebro, todas las membranas, estructuras y huesos adyacentes, llenándolos y revitalizándolos.

Sintonicemos con la fluidez de la energía nutritiva que nos llena, cargándonos completamente, entrando desde la tierra que pisamos, a través de nuestros pies y piernas, siguiendo por el torso y el cuello, los brazos y las manos, todo el camino hasta nuestra cabeza, llenando y nutriendo todo el recorrido hasta la coronilla. Y, una vez en la cabeza, esta energía comienza a salir desde la coronilla, como si fuese una ducha que cae a nuestro alrededor, como una suave fuente que baña nuestra piel y el campo magnético que la envuelve. Y si sentimos la cabeza un poco cerrada en la parte superior, con una leve sensación de presión, tiramos de la coronilla hacia arriba, con mucha delicadeza y suavidad, hasta que sintamos que se abre y percibamos cómo ese río de energía fluye hacia fuera, como una cascada envolvente.

Nos estamos acercando al final de esta exploración.

Cuando lo creamos conveniente, percibimos cómo nos sentimos ahora en comparación con el comienzo. Simplemente lo advertimos.

Nos acabamos de conectar y enraizar en la tierra, y recibimos su nutrición y apoyo. Hemos creado un campo energético más lleno y resistente en nuestro interior y nos hemos bañado en él durante un rato.

Hemos fortalecido nuestra capacidad de poner límites personales, la membrana que existe entre nosotros y el mundo. Esto nos permite conectarnos más profundamente, cuando así lo elijamos, y sentirnos lo suficientemente fuertes para decir que «no» cuando lo necesitemos.

Nos ofrece una visión más clara de quiénes somos y del mundo que nos rodea, y nos aporta la energía necesaria para afrontar cualquier situación que surja. Observamos cómo nos sentimos ahora en comparación con el inicio. Esta energía nutritiva está siempre a nuestra disposición a través de este proceso, y es el vehículo primordial para construir un contenedor resistente y nutritivo, necesario para la vida y el placer.

Ahora reorientamos la atención desde el interior hacia el exterior. Sentimos los pies en el suelo mientras abrimos los ojos. Nos permitimos absorber lo nutritivo que nos rodea, observando todo lo que vemos.

Sí. Bien. ¡Disfrutemos!

Exploración N.º 3
Sanar la resistencia interna a la vida

Segmento 1
Sanación física a nivel básico

Te doy la bienvenida a la Exploración N.º 3: «Sanar la resistencia interna a la vida». Esta exploración consta de tres segmentos que puedes escuchar de forma independiente. Pero también tienes la opción de escucharla en su totalidad si así lo prefieres. El primer segmento explora un lugar físico que presenta una resistencia. El segundo se enfoca en las creencias limitantes y los pensamientos dolorosos recurrentes. Y el tercer segmento aborda la sanación de las relaciones. Están diseñados en este orden porque cada uno constituye la base sobre la que se asienta el siguiente.

Así que nos ponemos cómodos, con la columna bien apoyada y las plantas de los pies relajadas y en completo contacto con el suelo, reajustando nuestra postura según lo vayamos necesitando durante el proceso, con los ojos cerrados o semicerrados. Permitamos que nuestra mente adopte una actitud neutral, soltando las expectativas, planes o juicios de los que seamos conscientes en este momento. Simplemente experimentemos este proceso lo mejor que podamos.

Respiramos un par de veces, llevando la atención a nuestro cuerpo. Hacemos un escaneo de todo nuestro paisaje interno, observando las sensaciones y las texturas. Conectamos con la tierra o con cualquier recurso incondicional que prefiramos en este momento para recargarnos y revitalizarnos suavemente, y así comenzar esta exploración llenos de energía.

Ahora dirigimos la atención a la zona del cuerpo que sintamos más cómoda, donde encontremos una fuerte sensación de conexión. Podría ser nuestro corazón o el abdomen. Podrían ser los pies o la pelvis o las manos. Incluso nuestra columna. Dondequiera que sintamos una mayor sensación de presencia, dirijamos allí la atención, permaneciendo presentes para percibir la plenitud y la fortaleza de ese lugar. Probablemente allí nos sintamos muy cómodos. Resulta fácil descansar en este lugar.

Vamos a tomarnos ahora un momento para absorber un poco más del campo energético de la tierra, invitando a las sensaciones nutritivas a acudir a esta área para que pueda expandirse y extenderse.

Y desde este lugar de seguridad y presencia, nos permitimos sentir, ver o intuir una bola de presencia sanadora o unas manos energéticas que emiten una energía amorosa, paciente, nutritiva, fuerte pero delicada. Este lugar contiene un amor incondicional para nosotros, y lo percibimos en cierto modo como una sensación de comodidad y apoyo. Si la imagen de unas manos sanadoras funciona bien, trabajemos con ella. Si una bola de presencia sanadora funciona mejor en nuestro caso, utilicemos esa imagen.

Sentimos o percibimos o vemos esta energía sanadora de la manera que podemos. A veces simplemente sabemos que está presente sin saber cómo ni por qué. En algunos casos puede que veamos vívidamente esa energía o esas manos sanadoras, un color, una pulsación o una textura. En otros casos podríamos sentir claramente esta presencia sanadora, su calor y fortaleza. Permitámonos desarrollar una conciencia de esta presencia energética, de la manera que podamos. Sí. Bien.

Ahora pidámosle que nos muestre qué lugar de nuestro cuerpo sería mejor trabajar hoy, aquel donde haya una resistencia o bloqueo. Observamos qué aparece en nuestra conciencia tras la pregunta. Tal vez la respuesta nos sorprenda, o puede que se trate de un lugar familiar, en el que a menudo sintamos resistencia o dolor. Podríamos percibir una sensación de restricción o de desconexión con respecto al flujo de energía en las áreas adyacentes.

Puede que sepamos exactamente dónde está o tal vez tengamos que explorar un poco más, pidiendo a nuestro cuerpo que nos lo muestre con mayor claridad. A veces allí notaremos dolor o una ausencia de sensaciones, o quizá sea un lugar que resuena con una frase limitante o dolorosa que solemos escuchar en nuestra mente.

Tal vez lo experimentemos como una zona donde hay una emoción atrapada, como pena o ira, tristeza o vergüenza. Si nos sentimos atraídos por más de un área, pidamos a nuestro cuerpo que nos indique cuál de ellas es la que hoy necesita mayor atención. Confiemos en la respuesta de nuestro cuerpo.

Sintamos el contorno de esta zona. ¿Se nos presenta de algún color? ¿Tiene alguna forma? Percibimos sin juzgar. ¿De qué tamaño es? Si esto empieza a abrumarnos, desviamos nuestra atención de allí un instante, dirigiéndola a otra área de nuestro cuerpo donde sintamos mayor fortaleza y comodidad. Luego, llevamos de nuevo la atención hacia los pies, para restablecer la conexión con ese campo energético abundante e incondicional que es la tierra. Bien. Cuando lo creamos conveniente, invitemos a nuestra conciencia a que regrese a ese lugar donde nos sentimos como en casa y a esa bola o a esas manos de presencia sanadora, que se encuentran en la zona de nuestro cuerpo donde sentimos mayor conexión.

Permitamos que esta presencia sanadora, que estas manos energéticas, se expandan desde este lugar de fortaleza y abracen suavemente el lugar que sentimos dolorido, desconectado o resistente. Muy sutilmente, sin expectativas. Si es posible, permitamos que nuestras manos físicas abracen esta zona, de forma suave, sin tensión, junto con nuestras manos o nuestra presencia energética.

Estas manos no están aquí para cambiar el área que presenta resistencia. Nuestra presencia sanadora no tiene ninguna intención específica. Sencillamente es amorosa, solidaria y estable, apoya y ama incondicionalmente esa parte de nosotros que se siente desconectada, o quizá avergonzada, herida o no valorada de algún modo.

Si lo que estamos conteniendo es una sensación de dolor físico, como un bulto de pena en la garganta, un dolor en nuestro corazón o una sensación de miedo que estrangula nuestros intestinos, simplemente abrazamos esa zona con delicadeza, dejando que el dolor, la pena, el miedo o la vergüenza comiencen poco a poco a conectarse con las manos energéticas o la presencia sanadora.

No hay ningún objetivo de cambiar nada. Nuestro dolor y nuestra resistencia están presentes por algún motivo. Es probable que ese motivo haya caducado. Aunque tuviera validez cuando se originó, es probable que se trate de un mecanismo de defensa que ya no necesitamos. No es importante comprenderlo ahora. Simplemente lo abrazamos y aceptamos tal y como es. Lo amamos en el sentido más completo del concepto de amor: un amor total e incondicional hacia nosotros mismos, como si acunáramos a un gatito o un cachorro dormido.

Acunamos este lugar delicadamente. Contemplamos, sin más, este aspecto de nosotros mismos. No estamos haciendo nada con él. No vamos a deshacernos de él, ni intentar hacerlo desaparecer. Sencillamente estamos ahí, con él.

Esto puede ser un desafío, especialmente si estamos sosteniendo un lugar de dolor crónico. Puede que ya experimentemos una mayor conciencia y conexión de la que nos gustaría tener con este lugar doloroso, sintiendo habitualmente sus contornos y organizando nuestro día en torno a él.

Pero si podemos permitirnos profundizar un poco más hoy, descubriremos que no estamos verdaderamente conectados con esta área. La hemos estado controlando, manteniéndola a distancia para poder tolerarla. Dejemos que el contorno de ese dolor contacte suavemente con las manos energéticas o la presencia sanadora. Simplemente estando presentes y conectándonos con el dolor, la pena, la tristeza o lo que sea.

Y si esta emoción o dolor nos abruman, dejemos que pasen a un segundo plano por un momento, y volvamos a sentir nuestros pies sobre el suelo, percibiendo la energía que fluye a través de nuestro cuerpo. De esta forma, respaldamos el apoyo de las manos o la presencia energética, restaurando el contenedor fuerte y seguro en torno al proceso que estamos atravesando.

Y cuando lo consideremos conveniente, volvamos a abrazar delicadamente esta área, observando qué ocurre esta vez. Sin expectativas. Con frecuencia, esta es la parte de mayor dificultad. Es posible que nuestra mente tenga intenciones diferentes, que podrían sonar así: «Ay, pero es que quiero deshacerme de esto», «Ay, pero es que estoy harto de este dolor», «Ay, odio esta sensación».

No importa cómo sean las palabras, dejemos que pasen. Dejemos ir el juicio, permitiéndonos estar presentes, conectados cada vez con mayor profundidad con esa área de la mejor forma que podamos en este momento.

Aceptamos «lo que es» sin permitir que tome el mando de nuestro coche o se apodere de nuestra existencia. Recordemos que esta área de dolor o pena no conforma la totalidad de nuestro ser. Solo es una parte de nosotros.

También disponemos de nuestros pies, que nos sostienen. De nuestra energía, que fluye y circunda esta área. Contamos con una fuerte presencia energética que sabe abrazar y amar esta parte, de la mejor forma posible en este momento.

Y a medida que vayamos percibiendo cambios y sensaciones de relajación, recordemos simplemente estar presentes en esta área, sin caer en la tentación de querer hacer algo al respecto. Recordemos el amor incondicional que le estamos ofreciendo a esta zona. A nivel consciente no queremos este dolor o emoción, pero estamos identificando patrones muy viejos que merecen nuestra paciencia y compasión para que puedan transformarse.

Una de las formas más eficaces de ayudar a transformar el dolor de forma permanente es aprender a encontrar el modo de liberarlo del estado que lo tiene atrapado, ayudándolo a salir de su prisión. Lograr esto implica una unión íntima con el dolor. Es necesario entablar una conexión profunda con él que permita su liberación y curación.

Revisemos nuevamente. ¿Cómo lo sentimos ahora? ¿Qué está ocurriendo?

Observamos los cambios a medida que van ocurriendo, evolucionando. Honramos nuestro ritmo. Sosteniendo este lugar en nuestra conciencia, abrazándolo y amándolo incondicionalmente, permitiendo que se despliegue lo que vaya surgiendo. Sin bloquear el proceso.

Si sentimos que los bordes de nuestro dolor comienzan a extenderse y dispersarse, dejemos que esto ocurra. Amplifiquemos nuestra presencia sustentadora, creando un espacio más amplio para que el dolor pueda evolucionar y transformarse cuando esté listo para hacerlo. Nos mantenemos conectados a él, permitiendo que sane y que cambie a su propio ritmo. De este modo, la integración será más completa cuando finalmente ocurra.

Y observemos cómo sentimos ahora esta zona en comparación con el inicio del proceso. Permitámonos percibir los cambios pequeños y sutiles tanto como los grandes. Simplemente estamos presentes en esta zona, sintiendo gratitud por toda la sanación, mayor o menor, que haya podido ocurrir aquí hoy.

Y con delicadeza hagámosle saber a esta zona que continuará siendo sostenida por una presencia amorosa, aun cuando nuestra conciencia y atención se encuentren centradas en otra parte. Dejémosle también saber a esta área que nos hemos comprometido a reconectarnos con ella, y que nuestra presencia sanadora interna, nuestras manos energéticas, se quedarán presentes el tiempo que sea necesario hasta que sane, se transforme y reconecte con el resto de nuestro cuerpo, hasta que esta zona quede completamente integrada, independientemente de que el proceso pueda llevar unos minutos, varios meses o varios años. Quedamos ahora comprometidos a sanar y a integrar esta parte para que vuelva a la totalidad.

Segmento 2
Trabajar con creencias limitantes

En este momento exploramos la forma en que nuestra mente y, concretamente, nuestras creencias limitantes podrían aparecer en el proceso. La mayoría de las personas somos conscientes de la voz crítica interna que puede invadirnos con pensamientos cargados de dudas, vergüenza, represión e incluso ofensas, y que a menudo menosprecia nuestra autoestima o cuestiona nuestro derecho a existir.

Para empezar, recordemos algún pensamiento doloroso o creencia limitante. Quizá uno que esté asociado con el lugar físico de resistencia que acabamos de abrazar y amar. O simplemente reconozcamos cualquier pensamiento doloroso o limitante que nos esté molestando en este momento.

Observemos en qué parte de nuestro cuerpo sentimos resonar este pensamiento. ¿Dónde se podría encontrar anclado dentro de nuestro sistema? A menudo un pensamiento muy doloroso podría resonar o encontrarse anclado en un lugar muy específico, como el corazón, algún área que presente un dolor crónico o un lugar que haya sufrido algún tipo de trauma en el pasado, como la garganta, el estómago o alguna otra parte. Simplemente notamos cuál es la conexión entre este pensamiento o creencia y nuestro cuerpo. Si parece estar conectado a todo el cuerpo, observemos dónde es más intensa o densa esa conexión. Podría tratarse de un área que nos resulte familiar.

Sea cual sea el ancla de ese sufrimiento o malestar, permitamos que nuestra presencia curativa interna o nuestras manos energéticas se acerquen y abracen esta área incondicionalmente, lo mejor que podamos, a medida que vamos avanzando. Sin expectativas. Sencillamente permaneciendo presentes, sosteniendo esta área suavemente y observándola de la forma comprensiva e incondicional que acabamos de practicar.

Ahora, mientras repetimos en silencio este pensamiento doloroso o creencia limitante, nos preguntamos: «¿Tengo la seguridad de que esta creencia limitante es verdadera?».

¿Podríamos abrirnos ante la posibilidad de que este pensamiento, de alguna forma, no sea real? Sinceramente no sabemos si es real o no y, aun cuando dispongamos de toda la información necesaria del pasado para corroborar su completa o relativa veracidad, en realidad no sabemos si sigue siendo cierto.

Entonces nos volvemos a preguntar ahora: «¿Cómo me sentiría si considerara la posibilidad de que este pensamiento doloroso o creencia limitante no fuera cierto? ¿Qué sensación tendría?

Formulemos la pregunta con la mayor precisión posible al pensamiento doloroso. Por ejemplo: si el pensamiento es «No soy lo suficientemente buena», podríamos decir en su lugar «Me encuentro abierta a la posibilidad de que este pensamiento de que no soy lo suficientemente buena no sea real. Me abro ante la posibilidad de que sí soy lo suficientemente buena».

Cuando lo consideremos conveniente, podríamos avanzar un paso más y decir: «Me abro a la posibilidad de que no solo soy lo suficientemente buena, sino de que es un placer ser quien soy. Disfruto siendo quien soy».

Observamos cómo nos sentimos al decir y afirmar esto, con convicción, aunque sea por un momento. Dejamos que todo juicio interno permanezca en silencio. ¿Cómo sentimos esto en nuestro cuerpo? ¿Cuál es la sensación ahora en esa área que hemos abrazado con nuestras manos energéticas? Simplemente observamos.

¿Cómo se sentiría nuestro cuerpo si suspendiéramos esa creencia limitante y realmente nos permitiéramos disfrutarnos plenamente? Dejemos que esa área reciba esta posibilidad por completo, aunque sea por un instante, en este momento. Nos permitimos abrirnos aún más a esta posibilidad.

¿Cómo es la sensación de sentirnos plenos y disfrutarnos realmente?

¿Podemos percibir si la tensión comienza a disiparse lentamente?

¿Podemos sentir alivio en esta zona?

¿Podemos sentir alguna expansión interior a medida que nuestra lente perceptual se expande?

Permitamos que se vaya desplegando el proceso curativo. Bien.

Este proceso lleva las afirmaciones positivas hasta el centro de nuestro ser, pues estamos realmente percibiendo en nuestro cuerpo —sintiendo a nivel físico— cómo es el hecho de abrirse a nuevas posibilidades. Esto nos permite sanar a nivel mental, emocional, físico y, por consiguiente, también a nivel espiritual. Bien.

Y observamos ahora cómo se encuentra esta zona en comparación con el comienzo del proceso. Permitámonos apreciar tanto los cambios pequeños y sutiles como los grandes. Simplemente, estando en esta área, agradeciendo cualquier sanación, mayor o menor, que se haya hecho posible hoy aquí.

Con delicadeza, le hacemos saber a esta zona que hemos abrazado y amado, y con la que hemos dialogado, que continuaremos prestándole atención con nuestra presencia amorosa, aun cuando nuestra mente se encuentre ocupada en las actividades del día a día.

Y quizá podríamos comprometernos a regresar a esta exploración mañana, o quizá pasado mañana, si aún queda algo que necesite nuestra atención consciente. Por lo tanto, dediquemos un momento ahora para considerar qué compromiso, por pequeño que sea, estamos dispuestos a asumir con respecto a nuestro proceso de sanación, y respetemos ese compromiso durante el tiempo que sea necesario.

Segmento 3
Trabajar con las relaciones

Este proceso también funciona con los problemas de carácter interpersonal. No es de extrañar que las dificultades y las tensiones en las relaciones sean a menudo fuente de un gran dolor y malestar interno. En este momento podríamos estar sosteniendo un nudo de miedo, dolor, vergüenza o tristeza a raíz de una pelea con nuestra pareja, con nuestro hijo adolescente, con un colega de trabajo o nuestra mejor amiga. Cuando esto ocurre, sabemos que algo no está funcionando en esa relación. La energía no está fluyendo entre nosotros y esa persona. La conexión que deseamos que exista simplemente no está.

El siguiente segmento nos ayudará a cambiar la forma en que nos relacionamos con esta situación o patrón de relación, comenzando por nuestras propias reacciones y avanzando hacia la búsqueda de nuevas posibilidades de sanación para nosotros mismos y quizá para las demás personas involucradas.

Tomémonos un momento ahora para afinar nuestra conexión con la tierra y asegurarnos de que estamos completamente revitalizados.

A continuación, traigamos a nuestra mente a la persona, situación o patrón relacional que nos hace sufrir o sentir incómodos en este momento. A medida que vayamos profundizando, permitámonos observar el pensamiento hiriente que está por debajo, la frase limitante, las palabras internas que acompañan a esta persona o situación. Podría asemejarse al pensamiento limitante que acabamos de explorar o tratarse de pensamientos como:

«Nadie me quiere.»

«No me encuentro seguro.»

«Me siento agobiada.»

«He sido abandonado.»

Cuando una creencia de este tipo domina nuestro pensamiento, estrecha nuestra lente de percepción, e impide que sintamos esa buena conexión que deseamos tener con esta persona. Vamos a tomarnos un momento ahora para encontrar las palabras que resuenan en nuestro interior con ese nudo de emoción dolorosa que se halla en cualquier lugar de nuestro cuerpo.

Y una vez más, invitamos a nuestras manos internas o presencia de energía sanadora a que se dirijan hacia este nudo de tensión en nuestro cuerpo, allí donde se encuentra anclada nuestra creencia limitante. Lo abrazamos de una forma incondicional y amorosa, tal y como lo hicimos en la exploración anterior. Bien.

Comencemos ahora a abrir el objetivo de la lente perceptiva sobre este problema, con palabras similares a esta: «Me abro a la posibilidad de que esta relación pueda ser diferente, pueda sanar, y yo pueda disfrutarla nuevamente. Me abro a la posibilidad de poder conectarme de forma saludable con mi pareja, hijo adolescente, amiga o colega».

Aquí el desafío está en sostener esa posibilidad y expandir la lente de percepción sin que el hemisferio izquierdo de nuestro cerebro intente de inmediato tratar de resolver o descifrar el conflicto. Nuestro reto es permanecer en un estado de apertura y mantener nuestra expansión y nuestra conciencia dentro de un campo de posibilidades que resulte cómodo y amplio, para que la creatividad pueda comenzar a aparecer y activarse y, de este modo, indicarnos el próximo paso a dar, o incluso mostrarnos la solución completa del problema.

De modo que simplemente sostenemos este pensamiento: «Me abro a la posibilidad. No tengo ni idea de cuál es esta posibilidad. Aun cuando con mi mente consciente no pueda imaginar el modo concreto de que esto suceda, me abro a la posibilidad de que esta relación pueda sanar y yo la pueda disfrutar nuevamente. Que pueda funcionar, que podamos volver a tener una conexión con respecto a este asunto o área en particular. No sé cómo, pero me abro a esta posibilidad».

Y entonces prestamos atención a lo que sucede en nuestro cuerpo. Sentimos los pies, el torso y los hombros. Percibimos el lugar que está siendo abrazado por nuestras amorosas y poderosas manos energéticas. Permitimos que se transforme y cambie a medida que vamos percibiendo esta nueva posibilidad. Simplemente acunando y amando este lugar, soltando las críticas que puedan ir apareciendo.

Cuando estamos en condiciones de expandir nuestro campo perceptual y estamos realmente dispuestos a abrirnos a nuevas alternativas, el despliegue de los resultados en nuestro ser es muy interesante.

Asuntos complejos o de larga duración, especialmente en las relaciones de pareja, no son sencillos ni fáciles de resolver. Muchas veces es necesario mantener la posibilidad de sanación y de reconexión durante semanas o meses, repitiendo esta exploración, antes de poder realmente comenzar a divisar la dirección clara y concreta que necesito tomar con el fin de sanar.

El motivo es que nuestra resistencia y nuestro ego están firmemente aferrados al problema. Quizá no queremos admitir que hemos cometido un error o que nos equivocábamos en algo. O no queremos admitir ante nosotros mismos ni ante nuestra pareja la parte que nos corresponde dentro del proceso que nos distanció. Entonces, a pesar de que los pasos en este proceso parezcan bastantes obvios, no son necesariamente fáciles de tomar. La clave aquí es la perseverancia, confiar en el proceso y en que existe una respuesta, y mantener la apertura frente a esta posibilidad. Si a esto le sumamos la bondad y la suavidad de la presencia incondicional que estamos sosteniendo para con nosotros mismos, lograremos una combinación exitosa.

Si nos desesperamos o bloqueamos, la siguiente frase podría ser útil: «Me abro a la posibilidad de que este conflicto no sea lo que parece, que quizá falte alguna pieza, o exista otra forma de verlo. Es posible que la completa verdad de este conflicto aún no sea evidente».

Permanezcamos sentados, en silencio, con estas palabras, abiertos a cualquier nueva información. Observemos qué puede aparecer en nuestra conciencia. Prestemos atención a nuestros sueños. Pidamos que se nos muestre todo el panorama, manteniendo una actitud de apertura y atención frente a la aparición de la voz suave y tranquila de nuestra profunda sabiduría.

Otra táctica eficaz para resolver estas situaciones dolorosas y persistentes es asumir diariamente el compromiso con nosotros mismos de recordar esta actitud de apertura a otra posibilidad en relación con esa persona o situación que nos produce sufrimiento o malestar.

Asumamos el compromiso de recordarlo de una forma diferente, de mantener una actitud de apertura ante otras posibilidades, de expandir nuestra lente de percepción con respecto a este conflicto en particular, para que así pueda mostrarse una nueva verdad.

Y si sentimos estancamiento, tendríamos que mirarnos en el espejo. ¿Existe quizá una parte de mí que se encuentra combatiendo en este proceso porque no desea admitir su papel en esto? Podríamos sostener con delicadeza esta parte nuestra, mirarla a los ojos y admitir que también nosotros jugamos un papel en esta situación, reconociéndolo sin culpas ni críticas, para así poder avanzar creando una solución, una nueva forma de vernos a nosotros y a la otra persona dentro de esta situación.

A veces, al abrir el objetivo de nuestra lente perceptiva, nos damos cuenta de que, de repente, podemos escuchar los comentarios de otras personas que pueden ayudarnos a ver este conflicto desde otro ángulo, comentarios que quizá antes no lográbamos escuchar. Y entonces tienen lugar a nuestro alrededor ciertos acontecimientos espontáneos que nos ayudan a verlo todo con una mirada nueva.

Cuando estamos presentes en cada momento, con los ojos abiertos, aprendemos de todo lo que nos sucede en la vida, en vez de repetir los acontecimientos una y otra vez. Nadie desea que los episodios dolorosos se repitan una y otra vez. Si ocurre es simplemente porque no conocemos otra forma de hacerlo. Por lo tanto, contraigamos el compromiso de mantener una actitud abierta frente a la posibilidad de ver las situaciones con una mirada diferente.

Ahora nos tomamos un momento para reconectarnos con esa zona que está siendo abrazada por nuestras manos internas o nuestra presencia sanadora. ¿Cómo la sentimos ahora? Gracias a que hemos considerado nuevas posibilidades y hemos expandido nuestra lente de percepción, ¿cuál ha sido la influencia sobre esta zona? ¿Ha comenzado a cambiar y a expandirse un poco? ¿O mucho? ¿Podemos sentir cómo emerge alguna nueva forma de ver esta situación? Bien. Dondequiera que nos encontremos en este momento está bien.

A veces lo más importante a la hora de resolver un conflicto aparentemente intratable dentro una relación es asumir el compromiso de concedernos un espacio para realizar esta exploración diariamente, y disponer así de un vehículo que ayude a que este conflicto se mueva hacia una resolución, paso a paso, mientras que nosotros mismos somos capaces de sostenernos de una forma amorosa y pacífica. Por consiguiente, nos tomamos un momento para comprometernos realmente con lo que necesitamos hacer, por poco que sea y sin preocuparnos por el tiempo que nos lleve.

Y hagámosle saber a esta zona que, aun cuando nuestra conciencia esté ocupada en otros asuntos una vez que finalicemos la exploración, mantendremos nuestro compromiso con este proceso de sanación, honrando el tiempo que necesite, sean unos minutos, unos meses o unos años.

Y ahora dirigimos nuestra atención de nuevo a nuestros pies, sintiendo que la tierra los sostiene, absorbiendo lo que necesitamos para poder finalizar este proceso, sintiéndonos llenos y percibiendo el movimiento de la energía a lo largo de todo nuestro cuerpo. Estamos listos para que nuestra atención regrese del mundo interior al exterior, sintiéndonos completos y recargados.

Y ahora abrimos los ojos y nos permitimos absorber todas las sensaciones nutritivas que están a nuestro alrededor. Percibimos los huesos de la columna apoyados contra la silla. Sentimos la estabilidad de nuestro cuerpo. Notamos cómo nos sentimos ahora en comparación con el comienzo.

¡Y a disfrutar!

5

Tu corazón

El don de la inspiración

El fuego interno es la cosa más importante que posee la humanidad.

EDITH SÖDERGRAN

El corazón es nuestro manantial de inspiración para la vida. La sabiduría característica del corazón consiste en inspirarnos a vivir más plena y profundamente, y a crear desde nuestros dones. En muchas culturas, el amor se asocia al corazón, pero la energía del amor reside en todo el cuerpo. Es la energía fundamental desde la que nacen nuestras inspiraciones creativas.

Aunque se ha comprobado que el campo energético del corazón es bastante poderoso, en nuestra cultura actual la voz del corazón es a menudo silenciada o completamente ignorada.[1] Cuando la sabiduría del corazón no está activada, puede que sintamos confusión, o que escuchemos solamente la voz de la cabeza diciéndonos lo que deberíamos hacer. En esos momentos perdemos la inspiración de la sabiduría profunda del corazón. Sin embargo, cuando descendemos al corazón y le permitimos abrirse, experimentamos una sensación diferente. Cuando compartimos algo desde el corazón, surgen una autenticidad y una vulnerabilidad que generarán un sentimiento de conexión e intimidad si la persona que escucha está abierta y receptiva.

Expresiones relacionadas con el corazón

El corazón, con su sabiduría o conocimiento característico, está muy presente en nuestro lenguaje cotidiano en expresiones habituales como:

No tener corazón.
Tener el corazón de piedra.
Tener el corazón en la garganta.
Oprimirse el corazón.
No caber el corazón en el pecho.
Tener el corazón en un puño.
Hincharse el corazón de orgullo.
Tener un gran corazón.
Amar con todo el corazón.
Agradecer desde el fondo del corazón.
Tener un corazón de oro.
Encogerse el corazón.
Hablar desde el corazón.
Salirse el corazón por la boca.
Partirse el corazón.
Hacer algo de corazón.
No tener corazón para hacer algo.
Romperle el corazón a alguien.
Hablar con el corazón en la mano.
Tener una corazonada.

También experimentamos una sensación particular cuando no estamos conectados con el corazón. Esto se podría manifestar como una falta de compasión, que puede percibirse como frío en el ambiente o algo que apaga la conversación y crea un obstáculo para la intimidad genuina. Por ejemplo, cuando sentimos en el corazón una preocupación excesiva por alguien. Entonces se trata de una sensación empalagosa, a veces sofocante, y con frecuencia invasiva. Sin embargo, cuando nuestro corazón resuena con el de otra persona, tal vez sintamos una calidez en el encuentro, una facilidad en la conexión, sentimos que esa persona nos ve y escucha de verdad: este tipo de conexiones empáticas pueden convertirse en relaciones para toda la vida o huellas perdurables en el corazón.

¿Qué cualidad de la energía genera nuestro corazón? El corazón expresa calidez, compasión, indulgencia, empatía, amor bondadoso y, sobre todo, inspiración. Una persona que vive plenamente desde el corazón es una persona feliz. En la medicina china, el elemento del corazón es el fuego y hay una sensación particular cuando este elemento está equilibrado. Nos sentimos emocionados, creativos y «encendidos» ante la vida.

El corazón es el lugar donde nacen nuestras inspiraciones más profundas, de modo que, cuando está bloqueado o extenuado, podemos experimentar la vida de forma insustancial y apagada. Cuando nuestro fuego creativo se ha extinguido, nos sentimos «quemados».

Cómo llenar el pozo del corazón

El corazón es el hogar de la compasión. Cuando trabajo con personas que se dedican a ayudar, especialmente profesionales de la salud, su preocupación genuina por los demás es evidente. Su calidez y voluntad de cuidar son, con frecuencia, las fuentes de inspiración original que despertaron su vocación.

No obstante, cuando me siento con ellas el tiempo suficiente, a menudo descubro que se les da mucho mejor dar que recibir. La parte frontal del corazón de las personas que cuidan, la zona desde donde irradian amor, se siente cálida y completamente abierta. Sin embargo, frecuentemente tienen mucha menos conciencia de la parte posterior de su corazón, donde existe un espacio de nutrición y amor hacia uno mismo.

Esta zona es el pozo profundo que alimenta el resto del corazón. Como cualquier pozo, si no se abastece y llena debidamente, se seca, lo que se traduce en agotamiento. La zona anterior del corazón, la parte que se comparte con el mundo, necesita una conexión con el pozo más profundo para sobrevivir y prosperar.

Esto significa que el autocuidado es obligatorio, no opcional. Las líneas aéreas lo saben: debes «ponerte primero tu propia máscara de oxígeno» antes de ayudar a quienes lo necesitan a tu alrededor. Lo que los asistentes de vuelo no dicen es que si tú no te pones primero a salvo, el resultado puede ser la pérdida de consciencia y la muerte. Aun así, a menudo se nos enseña a ignorar nuestras propias necesidades y a priorizar las de los demás. Esta es una receta segura para el desastre.

Ya es hora de dar un giro a este paradigma y tratar a nuestro corazón como un recurso fundamental que debemos proteger y valorar. El corazón es el hogar de nuestra inspiración más profunda y el pozo de nuestro amor por la vida. Es esencial respetar la sabiduría del corazón y aprovechar toda la riqueza que nos brinda.

Una mujer con una misión

Monique es una ejecutiva publicitaria muy respetada, con un amplio círculo de buenos amigos, y una familia inmigrante muy unida. En su comunidad la valoran mucho por su corazón generoso y su mente clara y aguda. Esta combinación siempre la ha beneficiado. Su problema es que con frecuencia se siente presionada y exhausta en sus roles de madre y esposa, como exitosa mujer de negocios y como miembro de la comunidad, algo que solo admite en sus momentos más tranquilos.

A nivel cognitivo, Monique comprende que el autocuidado es importante. Sabe que merece cuidarse y reconoce lo valiosa que es para la gente que la rodea. Sin embargo, hasta que no comenzó a trabajar conmigo, nunca había bajado el ritmo lo suficiente como para experimentar realmente las repercusiones que su estilo de vida estaba ocasionando sobre su fisiología profunda, en concreto sobre su corazón.

Al inicio de la primera sesión le pedí que escaneara sus sensaciones internas. Se sintió atraída por el área del corazón. Lo describió como «ardiendo». Exploramos si se trataba de llamas apacibles, como las de una cálida hoguera, o si era algo que ardía fuera de control. Era más esto último. Desprendía un calor extremo para acompasarse con su ritmo de vida.

Le pregunté a qué profundidad podía sentir el calor de su pecho, y lo localizó principalmente en la parte frontal. Yo sabía que es una persona que reparte energía y cariño sin medida en todos los ámbitos de su vida, que ofrece un abrazo o comparte su cálida sonrisa con cualquiera que lo necesite a su alrededor, que es un verdadero regalo para los que la tienen cerca. También sabía el precio que Monique estaba pagando por actuar desde la parte delantera del corazón: un cansancio permanente, que solo percibía cuando se detenía a escuchar en su interior.

Quería mostrarle cómo podía dar apoyo a su corazón, así que le expliqué la naturaleza de la parte trasera del corazón y cómo esta se asemeja a un pozo que nos conecta con un acuífero más profundo de energía vital. Ahí es donde reside el amor hacia uno mismo: no el egoísmo ni el egocentrismo, sino el que tiene que ver con autocuidado y la protección del alma. Es necesario llenar y extraer energía de este pozo de forma regular mediante acciones de amor hacia uno mismo. Solo así se puede utilizar este pozo como recurso para todos los demás actos de amor que ofrecemos al mundo: alimentando la parte delantera del corazón y sustentando todo el amor y la generosidad que compartimos con los que nos rodean. De hecho, cuando la parte profunda del corazón está abierta, abastecida y conectada, el amor que expandimos al mundo tiene la cualidad de no suponer un esfuerzo, y el dar nos aporta tanto como a la persona receptora.

Monique guardó silencio mientras yo hablaba. Le pregunté si esto tenía algo que ver con el amor hacia sí misma. Se le saltaban las lágrimas mientras contaba que había sido una niña muy elogiada por amar a los demás. Desde muy temprana edad buscaba la manera de anteponer las necesidades de los demás a las suyas, y aprendió muy bien a conocer y atender los deseos ajenos para complacerlos. Hacía mucho tiempo que había silenciado aquella voz tranquila y sabia de su interior. Tuve la sensación de que, si la terapia iba bien, podría beneficiarse de esa extraordinaria empatía, esa capacidad de sentir y tener una idea precisa de lo que les sucede a las personas a su alrededor.

Monique llevó la conciencia hacia su columna, detrás de su ardiente corazón, y se permitió a sí misma expandirse y relajarse en ese lugar. Le pedí que notara las sensaciones en la parte delantera de su corazón, a medida que se liberaba y se conectaba con el pozo profundo de la parte posterior. La sensación de ardor fue disminuyendo lentamente mientras ella exploraba esta área. Monique se relajó visiblemente mientras se acomodaba de nuevo en su cuerpo y sentía que su corazón «comenzaba una relación más amistosa con el resto del cuerpo». Estaba empezando a sentir su columna y la firmeza de sus huesos.

Una sonrisa se dibujó en su cara al describir sus sensaciones como «listas para el aterrizaje» cuando se aventuró a sentir su columna hasta la pelvis. Continuamos descubriendo y apoyando su corazón al explorar qué sentía al habitar también sus piernas y sus pies. Esto le llevó más tiempo, pero al terminar se sentía arraigada en el rico campo energético de la tierra.

Cuando escaneé ese campo al finalizar, noté que la energía de su corazón estaba fluyendo de forma natural hacia abajo, a sus brazos y manos, y hacia arriba, a su cabeza, sin ninguna ayuda o sugerencia por mi parte. Eso tenía sentido, puesto que se trata de las vías que ella había perfeccionado desde una etapa temprana de su vida. En medicina china, los meridianos del corazón nos conectan con nuestras manos y dedos cuando extendemos los brazos de forma natural para abrazar a otros, o cuando nuestro corazón está lleno o necesitado de amor.

Al cierre de la sesión, Monique revisó su interior para preguntarse qué actitudes y acciones amorosas consigo misma podría emprender con el fin de mantener ese pozo profundo abastecido y permitirle fluir hacia la parte frontal de su corazón. Elaboró un plan de acción y llegó al acuerdo con su corazón de tomarse un tiempo de silencio cada día para escuchar su paisaje interno. Haría una práctica breve del «Proceso básico para habitar el cuerpo» (Exploración N.º 2, páginas 89-97), para enraizarse y llenarse dos veces al día y poder sentir mejor lo que necesitaba en cada momento. Al salir de mi consulta estaba relajada y asentada en su interior.

Cuando reflexiono hoy acerca de su viaje, me doy cuenta de hasta qué punto su proceso es observable en la mayor parte de las personas amorosas y atentas en nuestro mundo actual. No se nos enseña cómo amarnos de verdad a nosotros mismos de formas profundas y nutritivas. No nos damos cuenta del poder de sentir cada uno de los rincones de nuestro corazón. Hemos pasado por alto que el corazón necesita ser honrado en toda su extensión, no solo en la parte delantera que compartimos. En otras palabras, muchas personas bondadosas se han convertido en quienes son aprendiendo a prestar atención a las necesidades de los demás *fuera* de sí mismas, a menudo en detrimento de lo que ocurre *dentro*.

Alimentar el corazón profundo
guía nuestro camino a casa

Julian tiene poco más de veinte años y es dinámico, alto y atractivo. Vino a verme con un cuadro de profundo agotamiento y ansiedad que lo mantenían en vilo la mayor parte del tiempo. Cuando lo conocí me llamó la atención su calidez sincera y su genuina preocupación por los demás. Hicimos esta sesión en posición sentada, aunque utilicé el tacto para acelerar el proceso mientras trabajábamos.

Sentado, con los ojos cerrados, le pedí que me describiera su vida. Mientras hablaba, puse una mano en la parte delantera de su pecho y la otra en su espalda, detrás del corazón, para detectar mejor con qué tenía mayor dificultad. Julian dirige una organización sin ánimo de lucro que trabaja con niños del centro de la ciudad que viven por debajo del umbral de la pobreza, y eso lo inspira profundamente. Lo que yo sentía a medida que él hablaba sobre su misión con respecto a estos niños era un corazón profundamente inspirado: en la mano colocada sobre la parte delantera de su pecho sentí mucho calor cuando compartía los detalles de esa parte de su vida, pero en la que coloqué en la espalda apenas sentía calor o energía. De hecho, había una sensación de vacío.

Le pregunté a Julian si podía sentir alguna diferencia entre la parte anterior y la posterior de su pecho, y él confirmó inmediatamente que podía sentir calor saliendo desde la mitad anterior hacia adelante. La parte posterior se sentía fría. Me pareció alentador que tuviera ese nivel de conciencia ya desde el principio de nuestra primera sesión y pensé que con ese nivel de conciencia todo fluiría con mayor rapidez.

Le expliqué que no era el único en hacer eso que yo llamo «correr ligeramente por delante de sí mismo» en todas sus actividades inspiradoras. Sentí que se relajaba un poco al darse cuenta de que esto era simplemente un hábito energético, no un defecto de carácter.

En nuestra cultura actual padecemos el hábito energético de correr un poco por delante de nosotros mismos, intentando mantenernos a la altura de todo lo que la vida nos ofrece o nos exige. Sin embargo, cuando vivimos crónicamente desde aquí, como inclinados hacia adelante, el primer problema que surge es que perdemos el sentido de la parte posterior del cuerpo.

Durante el proceso de escribir este libro, que me inspira profundamente, yo misma he comprobado cómo la conciencia interna de mi cuerpo se desliza hacia adelante y se aleja de mi espalda, mientras me concentro en las palabras que aparecen ante mí en la pantalla. En efecto, muchas cosas nos atraen hacia adelante en el mundo hoy, y es muy importante recordarnos con frecuencia recostarnos hacia atrás y disfrutar.

A menudo trato en mi consulta a personas que sufren ansiedad como resultado de abandonar su sistema interno de navegación y correr por delante de sí mismas, intentando evaluar constantemente la seguridad en diferentes ámbitos. A algunas les preocupa la seguridad física. A otras, la seguridad emocional o financiera, o cualquier tipo de inquietud acerca del futuro. La ardilla encerrada en la jaula de la mente, que corre sin parar en la rueda de la preocupación, se alimenta cuando no tenemos acceso al momento presente de las sensaciones que proporciona el sistema de navegación del cuerpo. Esto solo nos deja posibilidades futuras o experiencias pasadas para seguir adelante.

Le pedí a Julian que permitiera a su atención expandirse desde el frente hasta su espalda, donde mi mano acompañaba a su columna por detrás del corazón. Lentamente, consiguió sumergirse. Cuando estaba a mitad de camino, se detuvo. Cuando le pregunté qué estaba pensando, respondió: «Si no mantengo en alerta roja mi conciencia por mi seguridad, puedo ser víctima de personas que no son dignas de confianza. Tengo que mantener el escáner de mi atención constantemente encendido».

Julian se interrumpió al caer en la cuenta de lo que estaba diciendo. Le hice saber que en unos minutos le presentaría un detector del peligro y la seguridad más fiable. De nuevo sentí que se relajaba un nivel más, y ambos pudimos sentir el calor que llegaba a mi mano desde su columna vertebral. Una sonrisa apareció poco a poco en su rostro.

«Qué bien sienta esto: estoy tranquilo, descansado y en paz. Si pudiera vivir desde este lugar, apuesto a que no me sentiría tan exhausto todo el tiempo.» Entonces se dibujó una sonrisa, pero esta vez en mi rostro. Ahora que la calidez se estaba extendiendo plenamente desde el frente hasta la espalda, podíamos comenzar a explorar las sensaciones en su abdomen. Sintió facilidad y plenitud. Guie su conciencia a la conexión entre su corazón y su abdomen, y eso también pudo sentirlo fácilmente.

A continuación, le pedí que pensara en una situación donde hubiera tomado una decisión de la que se hubiera arrepentido. Inmediatamente pensó en un asunto reciente, en el que había sentido que algo no iba bien, pero había dejado que sus facultades mentales dominaran sobre el saber interno que le proporcionaba su instinto visceral. En teoría, la situación parecía perfecta, pero en realidad supuso un desajuste que lo hizo desdichado durante un mes. Le pedí que notara lo que su instinto le había señalado sin que él tuviera que vigilar constantemente el horizonte y agotarse. Cuando se dio cuenta de esto, sonrió.

Entonces le pedí que pensara en algo que hubiera resultado ser un gran éxito. Inmediatamente vino a su mente una idea estupenda y ligeramente descabellada que se le había ocurrido y había llevado a cabo con facilidad. Le pregunté cómo se había sentido entonces. Pude notar cómo fluía el calor desde su abdomen con señales de «esto es bueno para ti», mientras su corazón se sentía profundamente inspirado por todo ello. Sonreía de oreja a oreja recordando todo el suceso y lo bien que se había sentido, a pesar de todas las circunstancias que lo rodeaban. Con esto comprendí que él ya había sentido una buena relación entre su corazón y su instinto visceral. Además, sus facultades mentales se habían unido a su intestino y a su corazón para buscar la estrategia apropiada para que todo funcionara con gran facilidad. ¡Simplemente fue divertido!

Completé la sesión guiándolo a través del «Proceso básico para habitar el cuerpo». Le mostré cómo enraizarse y llenar el resto del contenedor de su cuerpo, permitiendo que un torrente de energía entrara desde la tierra bajo sus pies y que fluyera hacia arriba por sus piernas, para unirse y sostener su abdomen, corazón y cabeza. Cuando terminamos, se sentía relajado, sólido y presente. ¡Qué regalo podría aportar al mundo desde aquí!

La resiliencia de un corazón abierto

«Me estoy preguntando seriamente si mi marido y yo saldremos adelante», me dijo Lila durante nuestra sesión. «A veces creo que es muy egoísta y no tiene ni idea del impacto que su comportamiento tiene sobre mí. A menudo me siento vulnerable y ansiosa.» Las maneras sosegadas de Lila y su mirada inteligente desmentían su agitación interna.

Le pregunté qué había hecho su marido para causar tanta angustia. Lila respondió que él había sufrido tres accidentes de moto en los últimos tres años que la dejaron hecha pedazos. En el último accidente, estaba tan gravemente lesionado que durante un tiempo fue una incógnita saber si saldría intacto. Aunque se había recuperado por completo, le había llevado bastante tiempo lograrlo.

Le pregunté si al decir que él era «egoísta» se refería a que seguía conduciendo una moto, me respondió que no, que estaba de acuerdo en dejar de usarla

Le pregunté de qué manera necesitaba que su marido le diera tranquilidad. Dijo: «No lo sé. Es que me siento *muy* ansiosa todo el tiempo». En ese momento nos dirigimos a la mesa de tratamiento para que yo pudiera colocar mis manos sobre ella, para apoyar mejor con mi tacto lo que pudiera desarrollarse a partir de ese momento.

Fui atraída inmediatamente hacia su corazón, de modo que puse mis manos en las partes delantera y trasera de este. Le pedí que permitiera que su conciencia entrara en el espacio entre mis manos. Registré una sensación de *shock* y congelación que no eran evidentes en la superficie. Lila era una mujer vibrante y hermosa en la flor de la vida. Antes de esta serie de acontecimientos, estaba en la cima de su carrera, disfrutando del éxito y era muy estimada en su mundo profesional. Con el último accidente de su marido y las semanas que pasó junto a su cama, tuvo que dejar muchas cosas en suspenso, y eso se sumó a sus sentimientos de ansiedad y desarraigo. Desde entonces, Lila había estado viviendo como de puntillas, en alerta constante por lo que pudiera suceder a continuación. Esta es la respuesta típica de un sistema que sigue en *shock*. Pierde su resiliencia, su capacidad de recuperación, cuando ya ha pasado la adversidad o el trauma.

Le pregunté cómo sentía su corazón. Me dijo que lo sentía blindado y duro, como si se estuviera protegiendo. Le hice saber con delicadeza que eso era normal para alguien que ha pasado por lo que ella había pasado: estar a punto de perder a un ser querido. Le expliqué que los sustos repetidos que se había llevado su corazón habían provocado que este se comprimiera hasta un punto en el que sentirse protegido, pero donde tampoco quedaba ninguna resiliencia, ninguna capacidad para hacer frente a lo que viniera después. Básicamente, estaba hipervigilante y funcionando a base de adrenalina.

«¿Alguien ha sostenido tu corazón así desde el último accidente?», le pregunté. Dijo que había recibido muchos otros tipos de apoyo, pero que nadie había sostenido su corazón. Ella era la que apoyaba a todos los demás, mientras trataba de mantener unidas todas las piezas de su muy dinámica vida profesional.

«¿Y cómo se siente tu corazón al ser abrazado de esta manera atenta, sin planes y sin urgencias?», continué. Lila dijo que sentía mis manos muy cálidas, seguras y reconfortantes. Y yo podía notar cómo la rigidez empezaba a ablandarse entre mis manos.

Dirigiendo mi siguiente pregunta a su corazón, le pregunté qué era lo que necesitaba de aquí en adelante. Su respuesta inmediata fue: «Paz». Le pregunté a Lila qué era lo que significaba *paz* para su corazón. Me contestó que sería una sensación de tranquilidad y de quietud, en lugar de la agitación con la que había estado viviendo los últimos años.

Entonces dijo: «Libertad». Inmediatamente pensé en lo que me había dicho al principio, que se preguntaba si ella y su marido serían lo suficientemente fuertes como para permanecer juntos. Cuando le pregunté a qué se refería, Lila dijo: «Libertad de esta ansiedad con la que vivo constantemente». Su respuesta me indicó que estaba preparada para descender a un nivel más profundo. Su ansiedad ya no se proyectaba sobre su marido como factor causal.

Mientras seguía sosteniendo su corazón, pude sentir cómo la cualidad dolorosa abandonaba su pecho a medida que se relajaba, a un nivel cada vez más profundo, durante los siguientes cinco minutos. Me dijo que podía sentir desde la parte delantera hasta la trasera, y que era un único flujo continuo de calor.

A Lila le preocupaba no saber cómo sentirse segura si una parte de ella no permanecía alerta todo el tiempo. Le pregunté cómo se sentía en ese momento. Se dio cuenta de que ya no estaba ansiosa. La ayudé a conectar su corazón y sus instintos viscerales para que pudiera recibir una señal si algo iba realmente mal.

Lila se dio cuenta de que produciendo adrenalina constantemente todo le parecía un peligro potencial, lo que le causaba más preocupación y estrés. Le expliqué que sus vísceras le indicarían si algo en el momento actual era peligroso en su entorno.

Le pregunté a Lila qué sentía por su marido. Una lenta sonrisa apareció en su rostro. Había recuperado su resiliencia. Su corazón estaba relajado y pleno de nuevo.

Cuando hablé con ella la semana siguiente, me contó que su corazón seguía sintiéndose pleno, y que su ansiedad había disminuido de una manera significativa. De hecho, se había vuelto algo intrascendente en su vida.

Amar a medio corazón

Cuando Marcus, un atractivo treintañero de pelo oscuro, vino por primera vez a mi consulta, no pude entender por qué me costaba tanto conectar con él. Era como si existiera un escudo de cristal entre él y el resto del mundo. Se producían intercambios ingeniosos y superficiales, pero nada profundo. Cuando su dolor afloró sobre la camilla de tratamiento, pude ver claramente el patrón y las consecuencias de amar a medias, de «amar a medio corazón».

Al comenzar mi primera sesión con él, acuné su pecho entre mis manos y ambos llevamos nuestra conciencia a la zona de su corazón. Me explicó que lo sentía anudado y pequeño, tal vez la mitad de su tamaño original. Cuando nos conectamos con su «medio corazón», de repente recordó haber experimentado una profunda pérdida en su vida cuando tenía diecisiete años. Con una voz muy seria, Marcus me contó que su primera relación amorosa importante había terminado cuando su novia tuvo que regresar a Oregón. Me dijo que «la ruptura era inevitable y no había nada que se pudiera hacer para alterar el resultado». Su relato libre de emociones me indicó que estaba hablando desde su cabeza, en lugar de sentir el mensaje que su corazón intentaba transmitir.

Le pregunté desde qué parte de sí mismo se estaba comunicando. Se quedó en silencio durante un momento y luego se dio cuenta de que su conciencia había abandonado el corazón y estaba hablando desde la cabeza. Le pedí suavemente que volviera a la zona del pecho y respondiera desde allí.

Al cabo de unos minutos, las lágrimas corrían por su rostro. Cuando se sintió lo suficientemente seguro como para compartirlo, describió lo especial que ella había sido para él. Lentamente, su corazón fue aflojando su apretado nudo y soltando el dolor de aquella pérdida. Marcus se sintió sorprendido y conmocionado por la intensidad de sus sentimientos. No tenía ni idea de cuánto estaba cargando sobre él. Su mente lógica decía: «Después de todo, era solo un amor de juventud, uno que desde el principio sabíamos que iba a terminar, porque ella estaba con su familia de visita durante el verano».

Bajo mis manos, sentía su pecho cada vez más cálido a medida que se iban desprendiendo el dolor y la tristeza, una capa tras otra. Para nuestro asombro, el corazón no solo se expandió hasta alcanzar su tamaño normal, sino que siguió extendiéndose hasta que Marcus tuvo la sensación de que estaba llenando todo su cuerpo. Estaba sorprendido de lo diferente y real que se sentía todo. El escudo de cristal había desaparecido y la plenitud de la vida había regresado a él.

Todos sus sentidos volvieron a despertar, a afinarse y a percibir de una forma exquisita. Su rostro se había iluminado de alegría.

Hace poco volví a encontrarme con él y hablamos en profundidad de aquella sesión transformadora. Ahora su presencia transmite autenticidad. Mientras pasamos un tiempo juntos, sentí una conexión profunda y fácil. Qué diferencia, para Marcus, disponer ahora de todo su corazón para experimentar la riqueza y la abundancia de su vida.

La sensación de pertenencia

Caroline había luchado durante años con la disociación y la sensación de no sentirse segura. En nuestras primeras sesiones juntas descubrimos que estas creencias limitantes habían tenido su origen en los abusos sexuales sufridos durante su temprana infancia. Durante años vivió en un estado casi perpetuo de hipervigilancia, rastreando a todas las personas que la rodeaban. Esta habilidad la había hecho muy sensible a las necesidades de los demás, pero era incapaz de estar o familiarizarse con sus propias necesidades y con su bienestar.

Además de eso, el marido de Caroline no estaba emocionalmente disponible y pasaba la mayor parte del tiempo de viaje, lo que incrementaba su sensación de soledad en el mundo. Solo se sentía realmente cómoda en la naturaleza, con su perro. Aun así, anhelaba sentirse en casa, esa sensación fácil de pertenencia que sabía que otros tenían pero que a ella le faltaba.

Caroline ha trabajado conmigo durante varios años, luchando tenazmente para volver a habitar su cuerpo con todas sus sensaciones. Al principio, mi papel como facilitadora se reducía a ayudarla a notar el umbral en el que comenzaba a disociarse, de modo que pudiera optar por permanecer presente cuando estuviera preparada para hacerlo. Meses después de conseguir volver al interior de su

132

torso y de su pelvis, estaba lista por fin para concentrarse en su corazón.

Caroline comenzó esta sesión anunciando que, a pesar de lo que había logrado y de todo nuestro trabajo, aún se sentía inundada por una sensación de no pertenencia, sin importar dónde estuviera, lo amable que fuera la gente o lo mucho que se esforzara en reconocer sus creencias limitantes y neutralizarlas. Su querido perro *Muffin* se estaba muriendo en ese entonces, y esa pérdida inminente parecía demasiado dolorosa de contemplar.

«Duele demasiado acompañar este proceso de muerte, necesito que acabe ya», dijo. Pude notar su sentimiento de culpa mientras pronunciaba esas palabras. No sabía qué relación había entre la situación de *Muffin* y su conflicto vital de pertenencia, pero parecía adecuado continuar. «Entonces, Caroline, ¿qué parte de tu corazón se siente más herida por el dolor de que *Muffin* se esté muriendo?», pregunté.

Ella respondió que la parte delantera estaba inundada por un dolor punzante e incómodo por todo el contorno. Nos sentamos con esa sensación por un momento y honramos lo especial que *Muffin* era para ella. Le pregunté cómo se sentiría si llevara su atención por detrás del dolor punzante, dentro del área más profunda de su pecho, por la parte anterior de la columna.

Caroline se quedó muy callada, y luego me dijo que estaba todo muy oscuro y apacible. El amor que sentía por su perro estaba muy vivo en esta parte de su corazón, no encontró allí ningún miedo a la pérdida. En su mente, ella podía ver a *Muffin* acurrucado en su regazo, durmiendo apaciblemente. Cuando fueron pasando los minutos, Caroline se dio cuenta de que esta área, el espacio más profundo de su corazón, se sentía grande, oscura y vacía como una cueva enorme. Le pareció un poco desestabilizante estar sola en la oscuridad con todo ese espacio desocupado. Le pregunté si había alguien más allí. Ella respondió que solo el eco cuando ella llamaba.

Nos sentamos juntas durante algunos minutos más, y entonces Caroline notó que en la oscuridad había susurros a su alrededor. No eran susurros intimidantes, sino reconfortantes de algún modo. Al principio no entendía lo que se estaba diciendo, pero luego comenzó a llorar suavemente. Me dijo: «Están dándome la bienvenida a casa. Me están susurrando cosas como: "Estás aquí. ¡Has regresado!"».

Le pregunté cómo se sentía al oír esas palabras. Mientras seguía sollozando dijo: «Es reconfortante, me siento reconfortada, he encontrado el lugar al que pertenezco, donde encajo». Eran lágrimas de alegría y alivio, y pude sentir cómo se relajaba.

Caroline contó que los suaves susurros le dijeron: «Ya puedes dejar de buscar». Mientras experimentaba este lugar dentro de su corazón, notaba cómo se aflojaba el nudo que contraía su estómago constantemente. Terminó su sesión tejiendo las partes anterior y posterior de su corazón entre sí, integrando así este lugar dentro de la totalidad de su ser.

Caroline encontró su sentido de pertenencia en el más seguro de todos los lugares: en las profundidades de su propio corazón.

Solo para tu corazón

«Perder la cabeza por alguien que no es adecuado para mí parece ser la historia de mi vida», dijo Bella, una hermosa y vibrante veinteañera que amaba con todo su corazón. Lamentablemente, se le olvidaba incluir la sabiduría interna del resto de su cuerpo.

El dilema de Bella se hizo evidente cuando escuché cómo describía la última de una serie de relaciones amorosas similares: «Cuando me enamoro, mi corazón me da un gran sí. Sin embargo, es común que haya susurros en otros lugares de mi cuerpo que me sugieren que vaya más despacio, cosa que no hago nunca. Así que, después de embarcarme demasiado pronto en una relación y padecer las consecuencias, voy por la vida sintiéndome culpable por traicionarme a mí misma, por no escuchar al resto de mi ser para valorar si la relación es adecuada o no».

Bella continuó: «Honestamente, ni siquiera sé si realmente "amo" a mi última pareja, por la desconexión que hay entre mi corazón y el resto de mi ser. Es común que termine con el corazón roto porque la otra persona se aleja de mí o no me corresponde en la misma medida. Luego me viene toda esta confusión interna, cuando, después de pasar una noche particularmente intensa juntos, siento como si estuviera en abstinencia de alguna droga. Él no entiende nada de esto, siento como si estuviera un poco loca por sentirme así».

Hablamos largo y tendido acerca de ese dolor de desamor tan solitario. Bella tiene una belleza impactante, es inteligente, amable, una combinación maravillosa, pero no en lo que respecta a su propio corazón. La ayudé a explorar cómo se sentiría si su corazón se conectara profundamente con su instinto y su cabeza. Sus conexiones eran vacilantes, y las ignoraba con facilidad en un arrebato de pasión.

Mientras le mostraba cómo hacer esta conexión más palpable dentro de su paisaje interno, se relajó visiblemente y tuvo un sentimiento más sólido dentro de ella. Se estaba convirtiendo en su propia mejor amiga.

Han pasado algunos años. Bella tiene ahora veintinueve y está en una relación saludable y apasionada, con su sabiduría interna guiando sus elecciones en cada momento. Ella misma lo expresó así en una conversación reciente: «Me llevó mucho más tiempo sentar las bases para esta relación. Pero él sintió también que era especial, de modo que estaba totalmente conectado con el ritmo al que todo fue sucediendo».

El corazón ha de ser sostenido y apoyado, no traicionado, por la mitad inferior del cuerpo. Aun así, cuando la conexión pelvis-abdomen-corazón no existe, a menudo el corazón termina desilusionado o roto.

Para terminar, hay muchas investigaciones interesantes sobre el poder y la inteligencia del corazón, y sus relaciones integrales con los demás sistemas del cuerpo, muy especialmente las conexiones corazón-cerebro y corazón-sistema inmune.

Estas historias son una pequeña muestra, de entre las miles que podría haber elegido, para describir cómo la sabiduría característica y la anatomía metafórica del corazón pueden suponer una gran diferencia para nuestra calidad de vida, nuestro sentido profundo de la inspiración y el hecho de que estemos progresando o agotándonos. Mi esperanza es que puedas trazar algunas semejanzas entre estas historias y tu propia vida y la de quienes te rodean. Que el aprendizaje te ayude a comprender y a profundizar en tu proceso para habitar plenamente esta importante área de sabiduría dentro de tu ser.

Para explorar la sabiduría de tu corazón, practica la exploración de este capítulo. Para descargar el audio, ve a www.healingfromthecore.com/book-downloads. Una vez allí, presiona el botón de descarga.

Exploración N.° 4
La sabiduría del corazón

Te doy la bienvenida a la Exploración N.° 4: «La sabiduría del corazón».

Siéntete libre de hacer las exploraciones N.° 1 (páginas 84-88) y N.° 2 (páginas 89-97) antes de esta exploración para tener una experiencia más profunda. Recuerda también que la Exploración N.° 3 (páginas 97-113) está diseñada para ser utilizada siempre que te encuentres con un obstáculo o algún tipo de resistencia en tu «Proceso básico para habitar el cuerpo». De este modo, si descubres alguna resistencia mientras exploras cada una de las diferentes áreas de sabiduría, tómalo como un buen indicador para utilizar la Exploración N.° 3, no para rendirte y decirte que el proceso simplemente no funciona o no funciona para ti.

Conciencia interna

Empieza simplemente observando el punto de partida de tu conciencia interior en este momento, sin intentar cambiar nada. Para ello, deja que tus pies descansen completamente en el suelo, con los ojos cerrados o semicerrados. Mientras te acomodas, siguiendo tu respiración, percibe con curiosidad la temperatura del aire cuando entra en tus fosas nasales y llena tus pulmones. Fíjate cómo van subiendo y bajando el pecho y la espalda mientras respiras con normalidad.

La conciencia del corazón

A continuación, permite que tu conciencia viaje a la zona del corazón, dirigiendo la atención hacia tu interior, descendiendo tan profundamente como te resulte cómodo en este momento.

¿Qué sensaciones aparecen aquí? ¿Sientes calor o frío? ¿Hay algún color particular? ¿Hay un zumbido o un latido?

El corazón es conocido como el hogar de nuestra compasión, servicio y amor. Si descendemos a un nivel aún más profundo, el corazón es el guardián de la sabiduría de nuestras inspiraciones más profundas, que mantiene encendido nuestro fuego interior.

¿Qué es lo que más te inspira en tu vida en este momento? ¿Qué ilumina tus días y te revitaliza? Siente en qué parte de tu corazón reside. ¿Qué sensación te produce? ¿Qué imágenes surgen?

Puede que te inspire algún proyecto en el que estés participando, o una parte de tu propio proceso de sanación, o la crianza de tu familia, o la creación de algo nuevo y emocionante. Sea lo que sea, permítete notar lo que sientes en tu corazón, mientras respiras y reconoces esta inspiración en este momento de tu vida.

Cuando lo creas conveniente, permite que esta energía de inspiración y de amor descanse hondamente en la parte trasera de tu corazón, llenando y abasteciendo el pozo de la zona más profunda. Ama y honra quien eres, ahora mismo, en este momento.

Para habitar el cuerpo de manera más plena, aquí, mientras respiras, nota la sensación de tu columna, detrás del corazón, recostándose sobre tu respaldo en este momento. Nota las sensaciones de movimiento, aquí, junto a tu columna, mientras tomas una respiración fácil y profunda.

Puede que quieras despertar un poco más tu columna, detrás de tu corazón, inclinándote hacia adelante o arqueándote hacia atrás —estirándola bien en ambas direcciones— lo que sea que te ayude a expandir la conciencia de tus sensaciones en esta zona posterior de tu corazón. El yoga puede facilitar mucho esta toma de conciencia. Tómate un momento ahora y permite que tu columna despierte y apoye a tu corazón profundo.

Ahora asegúrate de que el respaldo de tu silla es firme, y ajústalo si es necesario para poder descansar hacia atrás, permitiendo que tu corazón profundo esté plenamente sostenido por tu columna.

Mientras respiras, dirige tu conciencia hacia la columna, dentro del torso, bajo el área de tu corazón, y que continúe descendiendo con cada respiración hacia el abdomen, los isquiones, y más abajo, hacia las piernas, los pies, y más abajo, a través de ese recurso seguro, abundante e incondicional bajo los pies: la tierra.

Una vez establecida esta conexión, respira cualquier sensación que pueda nutrirte mejor en este momento. Sencillamente notando la temperatura, el color, la textura que tiene, y dándole la bienvenida en el interior de tus pies, tus piernas, tu torso, formando un cojín de apoyo para tu corazón, una conexión estable de energía entre la tierra y tu corazón.

Esta abundante fuente de energía acuna todo el tiempo a tu corazón cuando habitas tu cuerpo plenamente y te conectas con los recursos que te rodean. Permite que tu conciencia se expanda para incluir esta experiencia, tan profundamente como puedas en este momento.

Cuando lo creas conveniente, permite que tu corazón reciba lo que necesite y desee, en este momento, desde este flujo abundante de energía, absorbiéndolo sin esfuerzo, llenándose desde las partes más profundas hasta la superficie, cada curva y cada conexión, físicamente, emocionalmente, espiritualmente.

Y, mientras se llena más y más, permite que esta energía de amor e inspiración se siga expandiendo hacia el resto del tórax, y desde ahí hacia abajo por los brazos y hasta los dedos.

Todos los meridianos de acupuntura del corazón llegan hasta los dedos. Así es como transmitimos físicamente lo que está en nuestros corazones, al abrazar a alguien o al extender los brazos para tocarlo. Mientras tus manos y brazos se van llenando, permite que se vuelvan a reconectar dentro de tu corazón, sosteniendo y acunando tu propio corazón, para completar así el circuito.

A continuación, permite que el flujo de tu corazón se expanda hacia arriba, a tu cuello y garganta, despertando y nutriendo tu verdadera voz mientras la garganta se suaviza y se relaja.

Y para completar nuestro viaje, permite que este río de sensaciones nutritivas se conecte hacia arriba con tu cabeza, tu cara, tu cerebro, despertando aquí todo el circuito para una sabiduría integrada corazón-cerebro, una conexión que es fundamental para una conciencia más profunda.

Mientras tu cráneo se llena y se desborda, permite que el área de tu coronilla se abra, conectándote con el cielo y completando este maravilloso viaje.

¡Que lo disfrutes!

6

Tu abdomen

El don de la sabiduría instintiva

Confía en tu instinto hasta el final, aunque no puedas dar razón de ello.

RALPH WALDO EMERSON

En el capítulo 1 relaté cómo después de aquel ataque casi mortal que me cambió la vida, fue el descubrir mi instinto visceral lo que inspiró todo este viaje de regreso a casa. He enseñado este conocimiento durante años, y he visto a mucha gente aprender a relajarse y a disfrutar mucho más de la vida una vez que comprenden que el instinto visceral siempre está atento a lo que ocurre dentro y fuera de uno mismo.

Es una buena noticia que la mente preocupada pueda tomarse unas vacaciones: el instinto es mucho más preciso y nos puede hacer saber al instante cuándo algo va bien y cuándo va mal.

La clave está en aprender a leer las señales que emite la zona de tu abdomen, en especial, el intestino. Estas señales son únicas para cada persona. Hay categorías generales: algunas personas tienen una imagen *visual* que pasa un instante por su mente otras tienen una *sensación física* real de calma o malestar otras *oyen* una advertencia, un sonido o una voz reconfortante en su cabeza, y otras tienen un *pensamiento* como «levántate y aléjate de esa puerta». Incluso hay quien experimenta una combinación de señales o tiene su propia forma de percibir su sabiduría visceral.

En los treinta años que llevo preguntando a la gente acerca de su instinto visceral, he oído miles de historias acerca de cómo evitaron un desastre o tuvo lugar una experiencia inesperada y maravillosa gracias a que escucharon la sabiduría de esta área de su cuerpo.

Sentir el instinto visceral de forma sistemática es fácil y difícil al mismo tiempo. Sin embargo, una vez aprendas a vivir desde allí, navegarás por tu vida con mayor gracia y facilidad.

¿Por qué el instinto visceral es tan fácil y difícil a la vez?

La mayoría de las personas hemos tenido al menos una experiencia vital en la que la intuición procedente de nuestro instinto fue totalmente acertada. Nos avisó de que algo era «acertado» o «definitivamente erróneo» en relación con una persona o un acontecimiento, y este conocimiento nos fue muy útil.[1] Cuando esto nos ocurre varias veces, llegamos a confiar en ello. Puede que aún no entendamos el mecanismo fisiológico que hay detrás de este tipo de saber, pero la mayoría de las personas han tenido prueba de ello en sus vidas.

Una explicación posible surge de la reciente investigación sobre el sistema nervioso entérico, que funciona literalmente como un «cerebro intestinal». Esta parte de nuestra anatomía guía nuestro sistema inmunológico y también contribuye al funcionamiento óptimo de nuestro cerebro real (el que tenemos en la cabeza) y del resto de nuestros sistemas.[2] Esta investigación establece firmemente que todos tenemos sabiduría intestinal.

Expresiones relacionadas con el instinto visceral

Hacer caso al estómago.
Tener el estómago revuelto.
Sentir un puñetazo en el estómago.
Tener mariposas en el estómago.
Tener un nudo en el estómago.
Sentir un vacío en el estómago.
Sentir el estómago en la boca.
Tener el estómago como una piedra.
No tener estómago para algo.
No pasar algo por el estómago.
Estar que no cabe el corazón en el estómago.
Sentir algo en las entrañas.
Hablar desde las entrañas.
Hacer de tripas corazón.
Tener las tripas revueltas.
Revolvérsele a alguien las tripas.

Si eso es cierto, ¿por qué a veces es tan difícil acceder a nuestro instinto visceral o confiar en él? Hay varias razones comunes o probables. Una de ellas es que a menudo dudamos de nosotros mismos. Nuestra mente racional puede estar en desacuerdo con nuestro «cerebro intestinal» y solemos dar prioridad a nuestra mente. Otra razón son las preocupaciones por el pasado o el futuro, que oscurecen nuestra conciencia del momento presente, de modo que no oímos claramente el mensaje de nuestro instinto. Y una tercera razón de gran importancia es cómo funciona nuestro cuerpo frente a recuerdos traumáticos no resueltos: los almacena y aísla para minimizar su efecto sobre el sistema, de forma tal que pueda continuar con el funcionamiento diario normal. Si la zona aislada se encuentra en el estómago, el funcionamiento y la claridad de la navegación de esa área pueden verse disminuidos o deteriorados (como en el modelo del quiste energético del doctor Upledger mencionado en el capítulo 2).

Un intestino traumatizado

Aprendí sobre el impacto que tienen los recuerdos traumáticos en el intestino mientras trabajaba con mi primera paciente, que había sobrevivido a un trauma infantil grave. En el transcurso de nuestras sesiones para sanar su trauma del pasado, me entristeció oírle decir que había sufrido un nuevo trauma. Una noche de la semana anterior, alguien la había asaltado en una zona oscura al salir de la consulta de su psicoterapeuta.

Mientras me lo contaba, me di cuenta de que estaba tan congelada y compartimentada por su trauma infantil que había sido completamente inconsciente del peligro en ese lugar. Su sistema de navegación, el instinto visceral, no estaba en óptimas condiciones para velar por su seguridad y bienestar aquella noche. No tenía acceso al saber que necesitaba para evitar esa peligrosa situación. Los traumas del pasado pueden obstaculizar las claras señales que proporciona el instinto visceral.

Y he aquí otra historia que ilustra cómo la supresión de viejos traumas puede generar una mayor confianza en nuestra sabiduría visceral. El marido de Katherine, Jonathan, se encontraba en las primeras fases de la demencia, pero como era comprensible, se resistía a abandonar las responsabilidades que aún era capaz de asumir. El problema de Katherine como su principal cuidadora era saber cuáles eran estas. Necesitaba comprender no tanto desde la lógica sino desde lo intuitivo cuándo su marido estaba lo suficientemente «despejado» como para pagar las facturas o cuándo necesitaba su ayuda. Esta situación sin duda les resultará muy familiar a los cuidadores de todo el mundo.

Katherine recordaba que su marido le había pedido que fuese a su despacho para que lo ayudara con una duda tecnológica. Después de mostrarle lo que tenía que hacer, él le hizo un gesto de despedida, asegurándole que se podía encargar de lo demás. Sin embargo, algo en su interior le dijo a Katherine que se quedara. Al abrir los recibos, Jonathan descubrió una factura atrasada del seguro, con una advertencia de cancelación de la póliza de su casa.

A Katherine se le oprimió el pecho. Sintió unas oleadas de nervios que le recorrían todo el cuerpo. Estaba tan agitada que necesitaba salir de la habitación. Sabía que esta reacción no tenía nada que ver con Jonathan ni con la factura, el origen era más antiguo y profundo. Esta respuesta de congelación y de pánico ante un cambio súbito era algo que la había atormentado toda su vida, sin que ella pudiera comprenderla del todo. Katherine se dio cuenta de que este tipo de reacción acabaría agotando su capacidad de sobrellevar los altibajos de la demencia progresiva de su marido. Le pedí que recordara un momento tras otro toda la escena nuevamente. Cuando llegó al punto en el que la sensación de pánico la había golpeado, sentí que se congelaba por dentro. Incluso parecía no estar en el momento presente. Le pregunté: «¿Cuántos años sientes que tienes ahora, Katherine?». Ella respondió: «Cinco años. Estoy en el salón de la casa de mi infancia, paralizada por el miedo».

Una inesperada noticia financiera había dejado a su familia en estado de *shock*. Con solo cinco años, Katherine no conocía los detalles, pero la respuesta emocional de los adultos era palpable. Dado que era una niña pequeña que no había desarrollado aún límites sólidos, Katherine absorbió el pánico y las emociones abrumadoras de su familia. Sintió la enormidad de la situación y se quedó paralizada, incapaz de moverse, y esta fue la misma sensación que tuvo al ver las letras rojas en esa factura vencida cincuenta años después.

Para procesar este trauma no resuelto, volvimos juntas a ese momento familiar y ofrecimos a la «pequeña» Katherine el consuelo y la ayuda que necesitaba. Su cuerpo se fue relajando capa a capa, derritiendo y liberando las partes congeladas y abrumadas.

Luego revisamos su situación actual con Jonathan. Al hacerlo, surgió una perspectiva totalmente nueva. Ahora que se había liberado del trauma del pasado, Katherine pudo ver cómo su instinto la había guiado de forma fiable y precisa para que se quedara en el despacho con Jonathan, en vez de dejarlo solo para que pagara las facturas ese día. Su instinto visceral le avisó de que algo requería su atención.

Mientras agradecía su sabiduría interior, sintió que todo su sistema se relajaba. Fue como descubrir una amiga interior y una compañera fiable.

A medida que profundizábamos, Katherine se dio cuenta de la precisión con la que la sabiduría de su instinto había ido sondeando la situación de Jonathan cada día. Se inundó de recuerdos de momentos recientes en los que la había guiado en la forma correcta de emprender ciertas acciones importantes para evitar problemas. La única barrera era la antigua respuesta de pánico vinculada a recuerdo infantil de sus cinco años. Ahora que había soltado esta reacción traumática de sus tejidos, su instinto se encontraba completamente desprovisto de obstáculos y libre para emitir sus señales sin las viejas interferencias.

Cuando Katherine reconoció conscientemente la fiabilidad del conocimiento y la guía interna de su instinto, sintió una oleada de bienestar y confianza para navegar por el futuro. Notó como si le estuviera dando un apretón de manos a un nuevo socio —su instinto— y le estuviera prometiendo que confiaría en él y prestaría atención a las señales que le enviara.

Sin el pánico y la sensación de agobio de su trauma pasado, Katherine estaba deseando recobrar la energía suficiente para mantener su resiliencia y disfrutar de la vida, incluso frente al progreso de la demencia de su marido. Además, su intuición visceral la ayudaría a seguir su propio régimen de autocuidado, que mantendría su reserva de energía lo más llena posible durante los próximos años, mientras cuidara de su marido.

Las dudas nos llevan por el mal camino

Nuestra tendencia a pensar demasiado o a dudar de nuestro instinto obstaculizan la sabiduría que proviene de nuestro abdomen.

¡La mayoría de nosotros pensamos demasiado! La civilización occidental fomenta y honra más a nuestras mentes lineales y racionales que a nuestro conocimiento intuitivo y primario. Tal y como he mencionado anteriormente, si bien es habitual que la gente haya experimentado su intuición al menos una vez, cuestionarla es igualmente habitual. Como expuse en el capítulo 2, conozco a muchas personas brillantes que se convencen a sí mismas para dejar a un lado su intuición y se confunden por pensar demasiado.

Por eso quiero advertir aquí de un riesgo que existe. Cuando aprendemos a experimentar y confiar en este tipo de saber visceral, puede que nos acostumbremos a confiar demasiado en los «golpes de intuición» iniciales. Entonces podría ocurrir que, con el paso del tiempo, ignoremos la información de nuestro instinto, a pesar de reconocerla, y optemos por el mal camino porque nuestro cerebro lógico así nos lo indica. En otras palabras, reconocemos y valoramos nuestro saber instintivo, pero dejamos de escucharlo al pensar demasiado, lo cual nos trae problemas.

Por ejemplo, hace años mis viejos amigos Janice y Bob se enamoraron de un lugar donde nunca antes habían estado. A los dos les entusiasmaba la idea de vivir allí. Volvieron a casa llenos de ilusión e hicieron planes de venderlo todo y mudarse a ese lugar de ensueño. Sin embargo, ¿se trataba verdaderamente de un sueño hecho realidad o podía convertirse en una pesadilla? Dependería de hasta qué punto continuaran escuchando su instinto.

Lo que puede suceder —lo he visto muchas veces, con ligeras variantes— es que alguien sienta «lo que es adecuado» en el momento presente y empiece a actuar siguiendo esta «sensación de que es lo correcto». Pero se mete en su cabeza, dejando atrás a su instinto, y rápidamente comienza, desde allí, a hacer planes y tomar decisiones. Sin embargo, su instinto sigue enviándole señales, un momento tras otro, con información contradictoria o avisos de precaución, que son ignorados.

Con frecuencia, si prestamos atención al instinto visceral en el momento presente, sus señales podrían decir cosas como: «Siento que esto es maravilloso, pero tómatelo con calma», o «Este lugar es estupendo, pero comprueba la situación laboral: ¿es fácil convalidar tu permiso de trabajo o vas a pasar meses o años viéndotelas negras solo para conseguir un ingreso que apenas te permita mantenerte?», o «Este es un lugar excelente para nutrirte durante las vacaciones, pero no para vivir de manera permanente».

Janice y Bob encontraron la casa de sus sueños, con el jardín y los animales que siempre habían deseado, y se mudaron al otro lado del país. Sin embargo, descubrieron que ganarse la vida en ese entorno nuevo era mucho más difícil de lo que habían anticipado. Ambos habían sido extremadamente exitosos profesionalmente en el lugar del que provenían. Al cabo de un año, Janice decidió retomar su consulta privada diez días al mes, con el fin de poderse permitir económicamente su nueva vida. Eso significaba viajar todos los meses. Al cabo de los años, el estrés afectó la salud de Janice. La última vez que hablamos estaba lidiando con un problema crónico de salud relacionado con el estrés, lo que me dejó reflexionando acerca de si su sueño había merecido la pena.

Los pensamientos negativos de preocupación y la sensación del momento presente

Llamamos preocupación a un pensamiento negativo que se repite. Se reconoce por una sensación cargada de algún tipo: una reacción emocional, la sensación física de un botón caliente o un dolor. Te puede congelar o entumecer de golpe, cuando momentos antes te sentías bien. O podrías sentir como si algo hubiese detonado, haciendo que tu sistema nervioso entre en su clásica respuesta de lucha o huida. Puede que te descubras intentando controlar esta reacción, justificarla o echarle la culpa a otra persona. Lo más característico es que se sienta tan potente que muchas personas no reconocen su origen, y creen que procede del exterior.

A menudo, la preocupación atraviesa nuestra mente como un disco rayado una y otra vez. Puede ser un evento del pasado que se nos ha quedado grabado en la memoria, y es parecido a un suceso actual. Puede ser la proyección de un pensamiento en el futuro, basándonos en sucesos del pasado. Incluso puede ser un viejo mensaje negativo acerca de ti mismo o del mundo que sigue apareciendo y empujándote hacia adelante. Esto es lo que le sucedió a Tony, el enfermero del capítulo 3, que tomaba sus decisiones basándose en el pasado, lo que se traducía en una devastadora ausencia de cuidado personal y, en última instancia, un infarto.

Lo más importante es: ¿cómo podemos distinguir entre la interminable insistencia de pensamientos negativos (que la mayoría de nosotros oímos dentro de nuestras cabezas) y la verdadera sabiduría de nuestro instinto visceral? Potencialmente, ambos pueden causar sensaciones desagradables por todo el cuerpo.

En realidad, es bastante sencillo: la sabiduría del instinto proviene de sensaciones del momento presente que nos informan de lo que está sucediendo dentro o fuera de nosotros. A menudo se trata de un suceso tranquilo, con poca carga emocional. Es simplemente una «declaración de hechos». Puede revelarse como una sensación agradable o no tan agradable. Te informa acerca de lo que está pasando en cada momento, y si es adecuado para ti o está fuera de lugar.

He estudiado este concepto durante décadas y he sido testigo de miles de situaciones que lo corroboran. Gran parte de mi trabajo consiste en facilitar un proceso interior que ayuda a las personas a discernir la diferencia entre el conocimiento visceral silencioso del momento presente y la sensación llena de preocupación y carga emocional que surge cuando recordamos algo antiguo, proyectamos hacia el futuro o simplemente nos quedamos atorados en nuestra cabeza, dándole demasiadas vueltas a una situación.

Integrar el instinto visceral

Teniendo esto en cuenta, siempre abogo por integrar el instinto visceral. He oído referirse a esto como «educar el intestino». En esencia, significa que la sabiduría del instinto visceral está integrada o en comunicación con todas las demás partes del sistema, como la inspiración del corazón, la claridad del saber profundo que proviene de los huesos, la capacidad de los pies y las piernas para metabolizar ese saber y la capacidad del cerebro para integrar y dar sentido a toda la información procedente de estas áreas de sabiduría.[3]

Lo que la mayoría de la gente llama intuición no es más que el resultado de tener integrado el instinto visceral, que está conectado con todo su sistema: cuerpo, mente y espíritu. Cuando esto ocurre, abunda el conocimiento que surge de la sabiduría interna. Las respuestas llegan cuando se necesitan y, a veces, incluso un momento antes.

Piensa en el enamoramiento. Te sientes muy bien en ese momento, pero las consecuencias pueden ser devastadoras si el intestino, los pies y las piernas, los huesos y el resto del sistema no están integrados. Bella, cuya historia relaté en el capítulo 5, se enamoraba continuamente y veía sus sueños rotos porque dejaba su instinto totalmente fuera de la ecuación. En cuanto lo incluyó, sus decisiones se volvieron mucho más sabias. Asegúrate de tener siempre en cuenta tu instinto visceral a la hora de tomar cualquier decisión importante. No salgas de casa sin él.

El instinto visceral se manifiesta con mayor claridad cuando no pensamos, como cuando estamos en duermevela o dando un agradable paseo, siendo conscientes de nuestro entorno natural. Cuando nos permitimos movernos más allá de nuestros pensamientos, creencias limitantes y expectativas acerca de los demás, la sabiduría de nuestro instinto visceral puede iluminarnos.

Por otro lado, si nos aferramos con fuerza a cierta creencia con respecto a una situación determinada —pensando que es maravillosa, necesaria o lo mejor que puede haber—, es muy probable que no podamos escuchar o sentir la señales que nos avisan de que esa situación no apoya nuestra salud y bienestar. En este caso, ya no estamos en el momento presente. Estamos atrapados en nuestra cabeza y somos víctimas de una expectativa o una creencia limitante.

Hace años trabajé con Julie, una mujer que deseaba desesperadamente tener un segundo hijo y estaba decidida a concebir. No se podía discutir con ella porque «sabía» lo que era mejor y estaba encerrada en su visión mental acerca del futuro. Era una visión noble. Ella misma venía de una familia de ocho hijos y decía: «Quiero que mi hija tenga un hermano y no crezca siendo una solitaria hija única».

Sentí que el cuerpo de Julie no estaba de acuerdo con lo que su mente proyectaba. Le proporcioné con mucha delicadeza el espacio para que llegara a ese conocimiento por sí misma, pero fue incapaz de recibir el mensaje desde sus entrañas, debido al ciego deseo de volver a concebir. En casos así, lo mejor es permanecer en silencio y dejar que la persona llegue a su propia verdad cuando sea el momento oportuno.

Y ese momento llegó bastante rápido: Julie no solo no llegó a concebir un bebé, sino que su matrimonio se rompió poco después a causa de la infidelidad de su marido. Julie estaba atrapada en el futuro, sin ningún anclaje en el presente. Esto la mantenía alejada de la información del presente, que le decía que esa expectativa no era la adecuada para ella.

Por supuesto, a veces intentamos escuchar nuestro instinto visceral para tomar una decisión, pero parece que no obtenemos una respuesta. En momentos así, podemos cuestionarnos si nuestro instinto sigue funcionando. Sin embargo, he aprendido que simplemente hay que esperar. Cuando una respuesta no llega o permanece confusa, esto significa que probablemente sea prematuro tomar una decisión. Necesito esperar a que la respuesta aparezca, descansar y dejar que el sueño haga su trabajo dar un largo paseo y olvidarme del asunto. Esto me indica que necesito estar presente en el momento y no salir corriendo hacia el futuro, intentando tomar la decisión de manera lógica, cuando eso no es lo que corresponde. Vivir en el momento presente de las sensaciones es la mejor guía para acceder a la sabiduría del instinto visceral.

La práctica de escuchar la sabiduría del instinto visceral

Piensa en una situación que te desconcierte: quizá estés tratando de elegir entre varias opciones. Podría tratarse de un trabajo, de una relación o que estés considerando una mudanza.

Todas las decisiones tienen, al menos, dos opciones: la primera es «no cambiar» y la segunda es «probar algo diferente». Muchas veces hay más de un «algo diferente». Sea cual sea el caso, el proceso de escucha interna es esencialmente el mismo.

Busca un lugar tranquilo, libre de interrupciones. Cierra completa o parcialmente los ojos. Deja que tu conciencia descienda a la zona de tu abdomen. Observa qué sensaciones básicas hay ahí cuando tu mente está despejada y no contempla ninguna de las dos opciones. Descansa simplemente en el momento presente. ¿Sientes el abdomen relajado o tenso?

Tu punto de partida podría ser una sensación de tensión excesiva si, por ejemplo, tienes un trauma no resuelto que afecta a esa zona. Reconoce esta sensación y hazle saber que la ves. Si el autocuidado y la reflexión interna no pueden liberar una zona como esta, a menudo es el momento de encontrar un buen profesional en terapia craneosacral, o de otra modalidad de sanación, que esté capacitado para facilitar la liberación de viejos traumas.

Cuando tengas una idea de cuál es tu punto de partida, trae a la mente una de las opciones que estás considerando. Por ejemplo, si estás valorando una oferta laboral, piensa en el trabajo y en lo que implica. Imagínate comenzando a trabajar allí. A continuación, hazte las siguientes preguntas:

¿Cómo te sientes por dentro?

¿Qué cambios están sucediendo internamente?

Si al principio sentías algo de tensión, ¿el abdomen se tensa más o se relaja?

¿Lo sientes espacioso y ligero? ¿O lo sientes pesado?

¿Hay sensación de calor o de frío?

¿Aparecen algún color o imagen determinados? ¿Es incómodo o agradable?

Presta atención a toda la información que te da tu abdomen y quizá también el resto de tu cuerpo. Fíjate en los pensamientos que surgen en respuesta a esta información. Tal vez quieras anotar tus sensaciones y pensamientos cuando termines, para aclararlos más adelante.

Respira profunda y suavemente y, al exhalar, suelta la opción que acabas de considerar. Despeja tu mente.

Ahora, imagina la otra opción. De nuevo, tómate el tiempo necesario para notar todas las sensaciones internas mencionadas anteriormente, así como cualquier pensamiento que surja del profundo conocimiento de la sabiduría interna de tu cuerpo.

Este proceso se puede dominar con la práctica. En las decisiones importantes de la vida, es posible que tengas que volver más de una vez a este tipo de reflexión interna para tener claro qué es lo óptimo para ti. Nuestras experiencias vitales se encuentran en capas en nuestro interior y descubrir lo que es adecuado nos puede llevar días, meses o años. Algunas de mis decisiones más importantes ocurrieron en un instante. Otras aún las sigo considerando, años después de haberme planteado la pregunta por primera vez.

Incluso cuando los problemas a largo plazo no se resuelvan del todo, deberías sentirte cada vez mejor a medida que vas avanzando si te estás moviendo en la mejor dirección posible. A menudo no se trata de cuestiones en las que solo se pueda optar por lo uno o por lo otro. Puede que no haya una sola respuesta correcta.

Cada decisión que tomamos conlleva unas consecuencias, y tenerlas claras internamente, así como considerar los hechos externos es fundamental para elegir la mejor opción en un momento dado.

La sabiduría de tu instinto visceral y tu salud

Hay momentos en los que tienes una sensación clara de que algo no va bien, como un dolor persistente o una molestia que no se va. Puede que el médico insista en que «no hay de qué preocuparse», pero tu instinto te dice que no lo ignores. Confía en esa señal. Es posible que necesites hacer un poco de detective, pero merece la pena. Prestar atención a las señales de tu cuerpo puede prevenir un problema antes de que se convierta en un asunto de salud más grave.

Quizá este trabajo de detective también requiera del uso de la sabiduría de tu instinto visceral integrado. Hoy existen muchas opciones para todo tipo de cuidados de la salud. A veces, el trabajo corporal como la terapia craneosacral es un buen comienzo para resolver el misterio. Otras veces, lo que se necesita es una terapia psicológica centrada en el cuerpo, como la experiencia somática.[4] La acupuntura es otro enfoque integrador que puede resolver gran variedad de problemas de salud.

A veces el problema es nutricional. Tal vez te faltan ciertos nutrientes esenciales o estás consumiendo, sin darte cuenta, alimentos que no son buenos para tu cuerpo. Encontrar un buen nutricionista o leer las últimas investigaciones sobre salud relacionadas con los alimentos que consumes puede informar a tu sistema digestivo.

El año pasado cambié mi dieta y perdí catorce kilos. Siento como si me hubieran quitado del cuerpo un traje de neopreno de varios centímetros de grosor. Puedo moverme y respirar con mucha más facilidad. Siento una mayor energía interna. ¿Qué es lo que ha marcado la diferencia en mi salud? Comer cuando tengo hambre y dejar de hacerlo cuando estoy llena comer alimentos saludables que son adecuados para mi tipo de cuerpo, edad y estilo de vida y escuchar internamente las señales que me guían. La mejora de mi salud también ha sido fácil de mantener porque siento *desde el interior* que los alimentos que estoy comiendo son los adecuados.

El movimiento es otro componente esencial de la salud.[5] Moverse de formas que nos nutren puede combatir la depresión mejor que los fármacos, así como estimular el flujo de nutrientes hacia nuestras células. Se ha demostrado que pasar demasiado tiempo sentados tiene efectos perjudiciales ¡casi equivalentes al tabaco! En el capítulo 8 abordaré los diversos modos en que el movimiento puede ayudarnos a recuperar la salud y conservarla.

Sin embargo, la clave real de todo esto es que lo hagas desde un lugar en el que sientas *desde dentro* que es lo adecuado. Puede que no sea fácil desmontar un viejo hábito, pero si sigues tu instinto visceral, será lo correcto para ti en última instancia.

El éxito implica compromiso, valentía y amabilidad

Este diálogo constante con tu sabiduría visceral requiere de compromiso, amabilidad y valentía. La práctica te proporcionará una sensación más profunda de paz interior.

Compromiso significa hacer algo más de una o dos veces si tu cuerpo lo está pidiendo todos los días. Intentarlo solo un par de veces no es más que un engaño que le permite a tu mente decirse: «¿*Ves? No funcionó*». Comprométete a continuar haciendo lo que te está pidiendo el cuerpo de manera regular. Cambiar los hábitos no es fácil, así que debemos permanecer en el momento presente, mantener la curiosidad y comprobar continuamente qué se necesita.[6] Nuestras necesidades cambian con el tiempo.

Por otro lado, el compromiso puede volverse excesivamente rígido y sujeto a reglas si vamos más allá de lo que realmente necesitamos. Sin embargo, la mayoría de nosotros solemos ser poco estrictos en comprometernos con aquello que realmente nos beneficia, aun cuando hacerlo nos permitiría ofrecer nuestras capacidades y compartir con nuestros seres queridos de manera sostenible. La valentía es necesaria porque, como sabe bien cualquier persona que haya mantenido un hábito no saludable, se necesitan agallas y valor para salir de un sistema o un patrón que no es saludable ni hace la vida mejor. Si eres una persona que constantemente busca agradar y complacer a los demás, la valentía es especialmente necesaria. Es posible que hayas pasado años sin escuchar a tu instinto visceral (o a cualquier otra parte de tu cuerpo), porque para sobrevivir ha sido necesario que prestes mucha atención a lo que ocurría fuera de ti, en la vida de los demás.

Un instinto visceral integrado te ayuda a dar los primeros pasos para emprender el camino de vuelta al resto de tu cuerpo, a medida que aprendes a leer las señales sobre lo que es correcto para ti a cada momento.

Por último, es necesario ser amable con uno mismo y con los demás, porque nadie hace esto a la perfección. Esto debería ser un alivio para todas las personas perfeccionistas que hay por ahí, temerosas de que cometer un error o fracasar en algo pueda suponer un desastre para su autoestima o para su vida entera.

Recuerda que la bondad genera, en última instancia, la seguridad necesaria para explorar lo que funciona mejor para ti en cada momento, y eso empieza con la amabilidad hacia ti mismo. Me resulta increíble la cantidad de personas que conozco que son amables con los demás, con los animales, con los niños y con el medioambiente, pero que son muy duras consigo mismas. La bondad tiene que empezar en casa, en el hogar que es tu cuerpo.

Para acceder a la sabiduría de tu instinto visceral, practica la exploración de este capítulo. Para descargar el audio, ve a www.healingfromthecore.com/book-downloads. Una vez allí, presiona el botón de descarga.

Exploración N.° 5

La sabiduría del instinto visceral

Te doy la bienvenida a la Exploración N.° 5: «La sabiduría del instinto visceral».

Siéntete libre de hacer las Exploraciones N.° 1 (páginas 84-88) y N.° 2 (páginas 89-97) antes de esta exploración para tener una experiencia más profunda. Recuerda también que la Exploración N.° 3 (páginas 97-113) está diseñada para ser utilizada siempre que te encuentres con un obstáculo o algún tipo de resistencia en tu «Proceso básico para habitar el cuerpo». De este modo, si descubres alguna resistencia mientras exploras cada una de las diferentes áreas de sabiduría, tómalo como un buen indicador para utilizar la Exploración N.° 3, no para rendirte y decirte que el proceso simplemente no funciona o no funciona para ti.

Conciencia interna

Empieza simplemente observando el punto de partida de tu conciencia interior en este momento, sin intentar cambiar nada. Para ello, deja que tus pies descansen completamente en el suelo, con los ojos cerrados o semicerrados. Mientras te acomodas, siguiendo tu respiración, ten curiosidad con respecto a la temperatura del aire cuando entra en tus fosas nasales y llena tus pulmones. Fíjate en cómo van subiendo y bajando el pecho y la espalda, mientras respiras con normalidad.

La conciencia del instinto visceral

Dirige tu conciencia a la zona del abdomen, desde la parte delantera del diafragma hasta la columna vertebral y hacia abajo, hasta la zona del ombligo. Observa qué sensaciones básicas hay allí al principio, cuando tu mente está despejada y no contempla nada en particular. Sencillamente, descansa tu conciencia en el momento presente.

¿Qué información te proporciona tu abdomen en reposo? ¿Lo sientes de algún color en particular? ¿Es denso o espacioso? ¿Tiene alguna textura? ¿Se te presenta alguna imagen o pensamiento mientras respiras y expandes tu conciencia en toda la zona del abdomen? ¿Sientes comodidad aquí? ¿El abdomen está relajado o tenso?

Sabemos que en nuestra cultura el ideal estético es un vientre plano con los abdominales bien marcados, sin embargo, eso no contribuye a una existencia feliz, así que observa sencillamente en qué punto de esta escala se encuentra tu abdomen, desde el suave y relajado hasta el duro y tenso.

También sabemos que las preocupaciones, a menudo viejas y obsoletas, pero repetidas, pueden hacer que tu abdomen se contraiga. Observa si en este momento tu mente está manteniendo un diálogo interno que manifiesta preocupación y cómo está afectando al estado de tu abdomen.

Permítete respirar hasta el abdomen, tan profunda y fácilmente como puedas, y siente cómo sube y baja con cada inhalación y exhalación.

El intestino es el GPS más preciso que tenemos para detectar el peligro en el momento presente, o para indicarnos lo que es correcto en cualquier situación. Esto se registra en esta zona de forma muy diferente a como lo hace una antigua preocupación o miedo.

Por tanto, date unos instantes para traer a la mente algún proceso de pensamiento o una preocupación recurrente en tu vida, como llegar tarde a un evento o decepcionar a alguien a quien amas, o sentir que no estás a la altura en algún sentido. Pero procura que no te abrume o destruya: ¡nada de tsunamis aquí!

Mientras piensas en ello, fíjate en lo que sucede en tu abdomen. ¿Puedes registrar alguna tensión en él ahora mismo, mientras piensas en esa vieja preocupación? Puede ser algo sutil o muy evidente.

Fíjate en las sensaciones físicas reales que te produce: la sensación de carga o el entumecimiento que surgen, o la densidad que acaba de aumentar al pensar en esa preocupación recurrente.

Presta mucha atención a las sensaciones que te produce, y no tanto a cómo responde tu mente. Son sensaciones tan frecuentes que la mayoría de las personas las dan por sentadas. Se dicen a sí mismas: «¡Así es como siento mi estómago!». No se dan cuenta de que hay una relación causa-efecto cuando va unida a la mente preocupada.

Una vez que tengas una idea clara de cómo ha cambiado tu abdomen cuando has comenzado a preocuparte, por favor, deja que esa preocupación se vaya. Sacúdetela. Hazlo físicamente si es necesario. Levántate, muévete y vuelve a tu asiento si es preciso.

A continuación, permítete traer a la mente una situación que te haga sentir seguridad, felicidad y relajación. Mírala. Siéntela. Respírala y observa todos sus colores y texturas. ¿Hay algún sonido que la acompañe, o algún sabor u olor?

Observa cómo reacciona tu abdomen ante esta situación: ¿puedes sentir cómo se va relajando, soltando y suavizando? Date el permiso para experimentar plenamente este escenario. Observa lo que ocurre en el resto del cuerpo cuando el abdomen se relaja y se ablanda.

Puede que observes que, cuando tu abdomen se encuentra en este estado, se expande de forma natural hacia abajo, hasta las piernas y los pies, y hacia arriba, hasta el corazón y más allá. Este estado de felicidad es el modo en que nuestro sistema digestivo funciona de forma óptima. De hecho, sentirse verdaderamente relajado y feliz es el estado óptimo para todas las células, no solo las de la región abdominal.

Ahora trae a la mente una circunstancia en la que algo que sucedía a tu alrededor no iba bien. Tal vez la forma en que trataban a alguien, o lo que se decía, o las acciones de otra persona, pero una situación en la que tu estómago sabía, instintivamente, incluso inmediatamente, que algo iba mal. ¿Cómo manifestó eso tu instinto visceral?

¿Fue un pensamiento, como «Aléjate de la ventana» o «No tomes esa ruta»? ¿Hubo algún malestar interior o alguna otra sensación física? ¿Oíste algo? ¿Se presentó una imagen en tu mente que te mostró algo?

Obsérvate mientras registras cómo se manifiesta tu sabiduría visceral única, cómo estas sensaciones en la región abdominal son diferentes de los sentimientos causados por los viejos patrones de pensamientos inquietantes que se reciclan con tanta frecuencia.

En primer lugar, el saber de nuestro instinto visceral tiene que ver con el momento actual, y los miedos y preocupaciones del pasado son precisamente del pasado. No ocurren en este momento, así que permítete notar de verdad la diferencia.

Además, la sabiduría visceral es a menudo silenciosa y está desprovista de carga. Se caracteriza por la simple sensación de saber que es cierto, sin bombo y platillo, sin dramatismo, únicamente una sensación de que es necesario tomar cierta acción o no, en el momento actual.

Y cuando lo consideres conveniente, permítete sacudirte estas sensaciones y volver a lo que te estaba ayudando a sentir tu abdomen seguro y relajado, y descansa ahí en tu conciencia. Observa cómo un abdomen relajado y abierto se siente conectado naturalmente con el resto del cuerpo, con la tierra, con el cielo y con el aire que te rodea. ¡Disfrútalo!

7

Tu pelvis

El don del poder

Ser consciente de tu suelo pélvico y su compleja conexión con tu salud es esencial para tu bienestar.

KEIRA WETHERUP BROWN

La pelvis, el área que se encuentra debajo del abdomen, es fuente de un inmenso poder, a nivel tanto físico como emocional. Las tradiciones védicas orientales hablan extensamente acerca del chakra de la raíz y lo importante que es para el funcionamiento saludable del resto del cuerpo. También la medicina china honra la pelvis como uno de los principales portales del flujo de la energía vital. Sin embargo, en las culturas occidentales mucha gente ignora la importancia de esta área para la salud del sistema humano en su totalidad.

Si la pelvis ha sido lesionada, comprimida o compartimentada, sea debido al trauma o a asuntos culturales o religiosos, esto puede tener un efecto muy negativo sobre la salud a corto y largo plazo, además de disminuir la energía vital disponible para los proyectos creativos.[1]

Algunas personas habitan su región pélvica, pero de forma desarticulada y compartimentada, lo que provoca confusión y desorden.

Expresiones relacionadas con la pelvis

Dar una patada en el trasero.
Sacudir las caderas.
Mover las caderas.
Apretarse el cinturón.
Mover el trasero.
Pensar con los genitales.
Estar sentado en el trono.

En el fondo, un retorno a la sabiduría intrínseca de la pelvis es lo que proporciona combustible natural a las inspiraciones creativas, encendiéndolas, a ellas y a ti, en el buen sentido.

También nuestra sexualidad y sensualidad humanas se ven alimentadas por esta energía, porque esa energía esencial de lo que somos es una parte fundamental de vivir la vida con plenitud y alegría. Cuando recuperamos la energía y la sabiduría de la pelvis y la integramos con el resto del cuerpo, a menudo se produce un maravilloso resurgimiento de la fuerza vital, que trae consigo un retorno del deseo. Las experiencias extáticas pueden ser el resultado de encender el fuego de la pelvis y reunirlo con las piernas y los pies, el abdomen, el corazón, la voz y la cabeza.

Recuperar las sensaciones internas que residen en la pelvis y vincularlas a todo lo demás nos permite sentir la delicia de estar vivos. Entonces, ¿qué es lo que se interpone en la recuperación de la pelvis? A menudo, son los tabúes y los traumas culturales y religiosos.

Los tabúes culturales y religiosos

En el capítulo 2 vimos cómo el tercer mito sobre el cuerpo genera una serie de problemas que son consecuencia de crecer en una comunidad cultural o religiosa donde la pelvis y toda su energía son un tabú absoluto y se perciben como una zona tentadora o perversa: algo que hay que evitar a toda costa.

Muchas tradiciones religiosas y espirituales establecen nomas rígidas y estrictas acerca de cómo y cuándo es aceptable habitar y vivir desde la pelvis de manera energética, si es que se llega a permitir en algún caso. Esto ya es un índice del poder que la pelvis irradia y comparte de manera innata cuando está saludable e integrada con el resto del cuerpo.

Las normas culturales dictan cuándo es permisible el sexo y con quién. Se nos dan pautas sobre cómo hay que vestir, caminar, hablar y expresar nuestra sensualidad y sexualidad. Su manifestación puede ser permitida o mantenerse en secreto.

Recuerdo haber sido reprendida por autoexplorarme cuando era niña, por no hablar de los problemas en los que me metía por «jugar a los médicos» con mis primos y hermanos. Cuando era una joven adolescente, se me instruyó estrictamente en que el sexo no estaba permitido hasta el matrimonio. Si quería ser una «buena chica», debía reprimir cualquier sensación natural que emanara de esa zona de mi cuerpo. Por supuesto, como típica adolescente rebelde, esto no hizo sino avivar mi curiosidad.

Basándome en mi experiencia, soy de la opinión de que una de las razones por las que las pautas culturales relativas a la sexualidad son tan fuertes y sus trasgresiones tan castigadas es que la pelvis es realmente el motor que alimenta nuestro poder esencial y nuestra alegría de vivir. Mi amiga Kelly creció en una comunidad religiosa muy parecida a la mía, con reglas muy estrictas con respecto a la sexualidad. Era una niña inteligente, llena de entusiasmo por la vida, que a menudo cantaba a pleno pulmón en su habitación con un micrófono imaginario. Tocaba el piano sin parar y se apuntó a teatro cuando llegó al instituto.

Todo eso se vio interrumpido cuando se hizo mayor y se dio cuenta de que se sentía atraída sexualmente hacia otras mujeres. Esto rompía todas las normas del reglamento de sus padres, y ella sabía que las consecuencias serían castigadas. Kelly ocultó su preferencia sexual y mantuvo en secreto absoluto el deseo que sintió por su primer amor. Cuando se graduó en el instituto y se marchó a la universidad, se lo guardó todo y adormeció su pelvis para mantener la cordura y ser una buena hija.

Se convirtió en una perfeccionista seria y estudiosa respecto a su vida y sus intereses. Al graduarse, se casó con un hombre bueno y amable en un esfuerzo por convencerse de que era «normal». Pero aquello no funcionó, y se divorciaron varios años después. La creatividad y el entusiasmo de Kelly habían desaparecido junto con su deseo sexual.

Cuando la conocí, llevaba años sin cantar y sin tocar el piano. El código moral religioso con el que fue criada la obligó a esconder el motor de su cuerpo, su pelvis y su sexualidad.

Al final de la treintena, Kelly empezó a tener relaciones con mujeres y se lo contó a sus padres. Al principio, esto los dejó devastados, pero ella se mantuvo firme. Cuando por fin la aceptaron, fue liberador y a la vez innecesario, pues para entonces ella ya se había aceptado a sí misma.

Más tarde ocurrió algo interesante. El primer amor de Kelly, aquella mujer adorable, volvió a su vida. Al permitirse reconectar con ella y amar plena y profundamente por primera vez en su vida, su fuego interior se reavivó. De forma espontánea, empezó a tocar el piano de nuevo y se descubrió a sí misma cantando mientras caminaba por la casa.

Su pelvis volvió a activarse de un modo que nunca se había permitido antes por miedo a las represalias, a los castigos y a verse convertida en una descastada. Civilizaciones y culturas enteras se hacen con el control de la energía pélvica y son conducidas de una manera que se considera correcta y sagrada o sencillamente adecuada, para mantener a la población bajo control.

A decir verdad, la energía pélvica «en bruto» es una fuerza a tener en cuenta. Si no está integrada con el resto del cuerpo, puede ser bastante peligrosa. Esto es lo que ocurre cuando la pelvis se despierta pero está compartimentada y aislada del resto de las áreas de sabiduría del cuerpo.

Pensemos en Hitler. Su poder era inmenso y manipuló a su empobrecido pueblo utilizando mecanismos de control bien estudiados. En una cultura abatida y hambrienta tras la Primera Guerra Mundial, incitó a la gente a la violencia bajo la promesa de que recobrarían su propio poder. Mi sospecha es que la energía pélvica de Hitler estaba distorsionada y compartimentada debido a la vergüenza y el trauma sufridos en su primera infancia. Si observamos los movimientos rígidos y entrecortados de los militares nazis que aparecen en las antiguas grabaciones, es posible imaginar el peligro de tener este poderoso motor del cuerpo bajo control, al que solo se le permita liberarse de formas intensamente concentradas. Como sucede con una lata de *spray*. Podemos imaginar cómo explotará si se calienta, liberando la intensa presión interior de forma destructiva. Por desgracia, dirigentes dañados de todo el mundo han repetido desde entonces el comportamiento de Hitler, y en todos los casos han generado miedo y caos que, a menudo, han desembocado en destrucción y grandes pérdidas humanas.

El trauma y la lesión

Durante casi dos décadas he impartido un curso para mujeres titulado «Sanar el suelo pélvico: cómo recuperar tu poder, tu sexualidad y tu potencial de placer». El trauma está, una vez más, implicado en la desconexión de nuestro poder. A lo largo de los años he observado los efectos debilitantes de muchos tipos de trauma. Aquellos derivados de la agresión sexual o la violación son los primeros de la lista.

En su reconocido libro *Vagina*, Naomi Wolf explora las consecuencias de una pelvis gravemente dañada, tanto para el espíritu como para la fuerza vital general de la mujer, tal y como sucede en las repetidas violaciones de las mujeres en tiempos de guerra.[2]

La forma en que nuestro sistema médico gestiona los partos puede conducir a que tener un bebé sea traumático. Las intervenciones quirúrgicas en la vejiga, el colon y los órganos genitales pueden ocasionar dolor o entumecimiento y disminuir significativamente la capacidad de tener sensaciones placenteras.

Para una mujer, los abusos verbales o emocionales por parte de su familia, religión o cultura, pueden causar una pérdida de poder personal tan importante que le hagan llegar a creer que no tiene derecho a entrar en su propia pelvis y aprovechar su poder innato.

Los hombres que sufren un trauma por abuso sexual o violencia en su región pélvica pueden experimentar también una disminución de su poder y su capacidad en el mundo. La violencia en la zona pélvica de un hombre o la vergüenza por el tamaño de sus genitales pueden crear un retraimiento de esta zona del cuerpo, dejándolo agotado y entumecido. En el caso de los jóvenes que pertenecen a ciertas bandas o pandillas, el trauma es endémico, debido a su estilo de vida y a las iniciaciones violentas y con frecuencia sexuales que padecen.

En última instancia, cualquier trauma no resuelto en la pelvis provocará una disminución de la energía y, por consiguiente, del poder en cualquier persona.

El corazón y la pelvis: compañeros en la sanación

El antídoto contra el traumatismo pélvico, independientemente de su causa, no consiste en controlar o suprimir esta zona, sino en sanarla. Solo entonces se puede aprovechar esta fuente de energía natural y conectarla con el resto del sistema, al que debe alimentar.

Cuando el instinto visceral (que nos indica cuándo algo va bien o mal) se conecta con el poder de la pelvis y la sabiduría del corazón, se produce una profunda integración, que es innata en todos nosotros como seres humanos. Si a esto se añade el arraigo de sentir las piernas y los pies, y la claridad del saber profundo de los huesos, solo entonces la mente cuenta con toda la información que necesita para tomar decisiones transparentes y sabias.

En particular, la inspiración que surge en el corazón de forma natural necesita la energía de la pelvis para poder llevarla a buen término, a su culminación. Por supuesto, también la pelvis necesita al corazón como fuerza orientadora para canalizar su energía de forma que sea buena para todo el sistema y para otras personas.

Un ejemplo perfecto de alguien con una gran necesidad de esta asociación es Jeannine, una amiga de la universidad. Jeannine es una persona maravillosa y creativa, llena de ideas y talento. Está expandiéndose constantemente hacia su siguiente aventura artística. El problema es que nunca sigue el camino que le permitiría llevar a término sus ideas. Es como si su corazón estuviera lleno y rebosante de una inspiración que rápidamente se disipa. Su casa está llena de colecciones de proyectos inacabados. Parece no tener una fuente de energía estable que le ayude a cimentar y manifestar sus sueños artísticos.

He observado repetidamente este patrón en otras personas cuando está ausente el poder de la pelvis en las acciones.

Otro patrón que he identificado es el de una pelvis que ha sido sometida a un trauma y está agotada o limitada en sus capacidades, pero la persona se sigue presionando a sí misma utilizando su fuerza de voluntad. Esto se puede deber a una necesidad percibida o real de seguir adelante, aunque la pelvis, el motor del cuerpo, no esté funcionando bien. Esta situación crea un doble contratiempo, porque agota otros sistemas del cuerpo en el impulso de hacer que las cosas sucedan, a pesar de que la acción más adecuada sería descansar, sanar y poner todo el sistema en equilibrio.

Sin pausa para sanar

Sarah es una mujer vibrante y talentosa que se cayó y se rompió el coxis en un accidente de esquí. Estuvo un mes incapaz de sentarse sin sufrir un dolor extremo, y aun cuando el malestar se redujo, aparecía un dolor sordo cada vez que pasaba demasiado tiempo sentada en una misma posición. A pesar de ello, Sarah siguió adelante con su vida. Me dijo: «Simplemente me insensibilicé por debajo de la cintura para poder seguir cumpliendo con mis deberes: mis hijos, mi trabajo y mi relación con mi marido».

La energía sexual de Sarah había disminuido enormemente. Su energía general también era mucho menor. Se sentía irritable de una forma que no había sucedido nunca antes. Siempre se había sentido orgullosa de ser flexible y relajada. Ahora, cuando sus hijos o su marido le pedían algo, como se encontraba con una reserva de energía tan baja, le daban ganas de decir: «Si me pides una cosa más...».

Una amiga le sugirió a Sarah que viniera a verme, y cuando finalmente llegó a mi camilla de tratamiento había pasado un año desde el accidente y su salud general se estaba viendo afectada. Su resiliencia natural había desaparecido. Me dijo: «Mi sistema inmune está de vacaciones, y yo también necesito unas».

Le pregunté cuánto tiempo se había tomado después del accidente y me quedé impactada cuando me dijo que no había parado en absoluto. Me explicó que su vida estaba demasiado desbordada como para descansar. Había gente que dependía de ella. Sentía que no podía detenerse. Sé que este es un tema muy común en la vida de muchas madres y padres, cuidadores y profesionales sobrecargados de todo tipo. Desde luego, parece válido, teniendo en cuenta el ritmo de nuestras vidas. Sin embargo, cuando esto sucede, el cuerpo sufre las consecuencias, especialmente con las lesiones en este centro «motor» del cuerpo.

Cuando sostuve su sacro sobre mi mano, lo sentí denso y comprimido. No se movía con un ritmo craneosacral normal. Le pedí que dirigiera su conciencia a esta zona y le fue casi imposible hacerlo. Sentía finos hilos de sensación, pero no podía mantenerlos. La historia de lo duro y doloroso que había sido el último año empezó a salir a borbotones.

Cuando le pregunté con amabilidad si había alguna razón por la que no se había detenido para dejar que el coxis sanara, se puso a llorar. Había pasado su vida satisfaciendo las exigencias de los demás y complaciéndolos. La verdad es que no tenía ni idea de cómo hacer un cambio de ritmo. La noción de reducir algunas de sus responsabilidades con el propósito de curarse le parecía imposible.

Cuando le recordé que no había ningún momento como el presente para cambiar ese hábito, sentí una sensación de calor que se filtraba en la parte baja de su espalda y en el sacro. Se estaba aflojando esa apretada contracción que había mantenido durante el último año para no perder la compostura. Pasaron unos minutos y ambas percibimos un calor y una relajación creciente en esa zona.

Después pude liberar su sacro y su coxis de la posición comprimida y retorcida en la que estaban atrapados. Inmediatamente, el calor de la pelvis empezó a fluir por la columna vertebral y por todo el torso. Sus piernas también se relajaron. Su pecho y su cara se sonrosaron. Empezó a reírse y, en poco tiempo, nos estábamos riendo a carcajadas. La risa liberó el resto de su organismo.

Este es el caso de una mujer que deseaba desesperadamente sanar, pero que simplemente no entendía qué hacer para lograrlo. La vida de Sarah sigue cambiando a medida que va reconociendo la energía que había perdido y luego recuperado gracias a la liberación de su pelvis en esa sesión. Debido a que la lesión había sido tan grave, sigue trabajando para mantener los cambios que conseguimos y practica regularmente la exploración que encontrarás a continuación: «La sabiduría de la conexión pelvis-corazón». Sarah está aprendiendo a escuchar las señales de su cuerpo con el fin de conservar una reserva completa de energía.

Para recuperar tu energía pélvica y aprovecharla en colaboración con tu corazón y tus inspiraciones más profundas, practica la exploración de este capítulo. Para descargar el audio, ve a www.healingfromthecore.com/book-downloads. Una vez allí, presiona el botón de descarga.

Exploración N.º 6
La sabiduría de la conexión pelvis-corazón

Te doy la bienvenida a la Exploración N.º 6: «La sabiduría de la conexión pelvis-corazón».

Siéntete libre de hacer las Exploraciones N.º 1 (páginas 84-88) y N.º 2 (páginas 89-97) antes de esta exploración para tener una experiencia más profunda. Recuerda también que la Exploración N.º 3 (páginas 97-113) está diseñada para ser utilizada siempre que te encuentres con un obstáculo o algún tipo de resistencia en tu «Proceso básico para habitar el cuerpo». De este modo, si descubres alguna resistencia mientras exploras cada una de las diferentes áreas de sabiduría, tómalo como un buen indicador para utilizar la Exploración N.º 3, no para rendirte y decirte que el proceso simplemente no funciona o no funciona para ti.

Conciencia interna

Empieza simplemente observando el punto de partida de tu conciencia interior en este momento, sin intentar cambiar nada. Para ello, deja que tus pies descansen completamente en el suelo, con los ojos cerrados o semicerrados. Mientras te acomodas, siguiendo tu respiración, percibe con curiosidad la temperatura del aire cuando entra en tus fosas nasales y llena tus pulmones. Fíjate en cómo van subiendo y bajando el pecho y la espalda mientras respiras con normalidad.

La conciencia de la pelvis

Lleva tu conciencia hacia la pelvis, los genitales, el suelo pélvico, el sacro y el coxis, mientras respiras, inhalando y exhalando, descendiendo cada vez más profundamente hacia el motor de tu cuerpo.

¿Cuáles son las sensaciones que surgen aquí? ¿Sientes calor o frío? ¿Hay algún color, alguna textura? ¿Sientes la pelvis abierta y conectada con el abdomen y el corazón?

Las preguntas a las que responde esta zona de sabiduría son: «¿Tengo acceso a mi propia energía? ¿Estoy enraizado en mi fuerza interior? ¿Estoy dispuesto a respaldar con esta energía interna lo que el resto de mí quiere y necesita?». Solo observa la respuesta natural de tu pelvis a estas preguntas. ¿Sientes que este pozo de energía interna está abierto y disponible? Esta zona también te informará si en este momento dispone de fuerza o no. En cualquier caso, ahora tómate un minuto y deja que tu conciencia descienda desde la pelvis hacia abajo, a través de las piernas y los pies, hacia el interior de la tierra, estableciendo esa conexión segura e incondicional, de una forma tan profunda como te resulte cómodo y posible en este momento.

Mientras respiras, permite que tus pies y tus piernas se llenen de energía y de sensaciones nutritivas. A medida que este río de sustento vaya llegando a tu pelvis, permite que los huesos de la zona pélvica absorban estas sensaciones, como una esponja seca que se empapa de agua clara, llenándose, revitalizándose, relajándose y abriéndose a lo que más podría nutrirte en este momento. ¿Este río es cálido o fresco? ¿Tiene algún color o textura en particular?

A medida que tus huesos se van llenando, permite que este caudal seguro de nutrición empape tus órganos y tus sistemas por esta zona, colmando tus células de energía a medida que las alimenta y despertando tu conciencia mientras se van llenando.

Observa cómo sientes ahora tu pelvis, al llenarse y conectarse con tu abdomen, y después con tu corazón. La pelvis, el abdomen y el corazón están destinados a asociarse cuando hay decisiones que tomar, o cuando la vida presenta desafíos.

Tu corazón y tu instinto visceral ofrecen orientación a tu pelvis en cada momento, y guían a este poderoso motor a fin de que no se desvíe de lo que sería mejor o más adecuado para el sistema en su conjunto. Observa cómo sientes tu pelvis, sostenida por tus piernas y tus pies, y por la tierra.

Y cómo el abdomen y el corazón se sienten apoyados por la pelvis y la tierra.

Bien. Devuelve tu conciencia solo a la pelvis, y observa qué información te puede proporcionar en este momento, ahora que está conectada, apoyada por las demás partes del cuerpo y trabajando en equipo con ellas.

¿Hay alguna imagen, colores, texturas o algún otro tipo de información que emane de este prometedor y enérgico motor de tu ser?

Si tienes un espíritu soñador y demasiado optimista, es posible que te invite a reorganizarte o a que bajes el ritmo de lo que estás haciendo. Esta «verificación de la realidad» energética tan precisa es uno de los regalos que la pelvis puede proporcionarte.

Si vas en una dirección que es correcta para ti, es posible que tu pelvis te dé una señal de «adelante», si la energía está disponible, lo cual puede avivar la llama de tus sueños e inspiraciones, y ayudarte a dar el siguiente paso para manifestarlos.

Y, respirando profundamente hacia el interior de tu pelvis, agradécele la experiencia que acabas de vivir, y permite que tu conciencia se expanda de nuevo hacia el mundo que te rodea.

¡Que lo disfrutes!

8

Tus piernas y tus pies

El don del movimiento

Si no te llegan respuestas a tus problemas después de una carrera de cuatro horas, es que no te van a llegar.

CHRISTOPHER McDOUGALL

Una de las maravillas del cuerpo humano es lo que yo llamo el efecto metabolizador de las piernas y pies cuando se activan. Más allá de esa función, también tienen una sabiduría interna que descubrirás a continuación.

Las piernas y los pies nos ayudan a metabolizar

Esta área de sabiduría del cuerpo es la que nos ayuda a asumir aquello que experimentamos como confuso, desorientador o sencillamente desconcertante, y a metabolizarlo, a digerirlo. No lo digo en el sentido literal de descomponer la comida y convertirla en sustancias que puedan nutrirnos, sino en el sentido metafórico de encontrar claridad con respecto a nuestras vidas, retos y preguntas.

Expresiones relacionadas con las piernas y los pies

Mantenerse en pie.
Pisar fuerte.
Andar con pies de plomo.
Cojear en una materia.
Levantarse con el pie izquierdo.
Estirar la pata.
Estar en pie de guerra.
Poner los pies en polvorosa.
Meter la pata hasta el fondo.
Estar con un pie en la calle.
Salir con los pies por delante.
Dejar todo patas arriba.
Creer en algo a pies juntillas.
Caer rendido a los pies de alguien.
Dar patadas de ahogado.
No dar pie a las habladurías.
Pisar los talones.
Tener alas en los pies.
Poner los pies en la tierra.
No dar un paso en falso.

De joven era corredora. Ahora camino. Siempre que tengo una dificultad o un problema, lo resuelvo caminando: lo «metabolizo». Salgo al camino sin pensar en lo que estoy tratando de dilucidar y en la mayor parte de las ocasiones, al final de la caminata aparece la respuesta.

Mi amiga Bobbi, una talentosa terapeuta pediátrica, ha explicado, por ejemplo, que el programa de Brain Gym enseña que desplazar nuestras extremidades en un movimiento transversal del cuerpo estimula e integra los hemisferios del cerebro.[1]

Cualquier actividad física, como dar un paseo o correr, facilita la integración entre el cuerpo y el cerebro, siempre y cuando nuestras extremidades se muevan de forma sincronizada. Así, al hacer este tipo de ejercicio, los tejidos de las zonas que están bloqueadas o atrapadas pueden empezar a moverse de nuevo.

Consideremos lo que le ocurre a la gente cuando está paralizada por un trauma. Con frecuencia, las personas que han sufrido lesiones traumáticas abrumadoras se encuentran en un estado de contracción, disociación o parálisis, y la sensibilidad de las piernas y los pies es una de las primeras cosas que desaparecen. Cuando esto sucede, el proceso de curación se ve obstaculizado.

La estimulación de pequeños movimientos puede terminar con la estasis a nivel celular. Los movimientos de todo el cuerpo ayudan a curar los estados generales de parálisis por *shock* y son al mismo tiempo el antídoto necesario para sanar el trauma a nivel central. Además, no hay nada más tranquilizador que dar un paseo.

Un proyecto de investigación realizado en Harvard demostró que el ejercicio aeróbico diario reduce los síntomas depresivos, de leves a moderados, entre un 60 y un 70 por ciento, lo que equivale a la eficacia de los medicamentos antidepresivos (como el ISRS Zoloft).[2] Además, evidenció que las personas que hacían ejercicio mantenían los beneficios de esta actividad durante más tiempo que las que tomaban antidepresivos, siempre y cuando siguieran moviendo las piernas y los pies de forma aeróbica con regularidad.

Otro estudio concluyó que caminar rápido durante unos treinta y cinco minutos cinco veces a la semana o se-

senta minutos tres veces a la semana ejercía una influencia significativa en la depresión moderada. Esto corrobora todos los beneficios que aporta el ejercicio a la salud en términos de fomento del ánimo que confieren las endorfinas, la mejora de la función inmunitaria y la reducción de la percepción del dolor.

También pensemos en lo confuso y abrumador que puede resultar enfrentarse a situaciones estresantes donde existen múltiples opciones. Un acontecimiento traumático, e incluso el estrés con el que lidiamos cotidianamente, estrecha nuestra lente de percepción y reduce nuestra capacidad para encontrar soluciones creativas enormemente.

Cuando nos ponemos en movimiento y activamos las piernas y los pies para resolverlo, el potencial para obtener excelentes soluciones sanadoras es inmenso, ¡si nos acordamos de utilizarlas!

Mi buen amigo Josh se enfrentaba a una difícil decisión sobre si debía o no seguir adelante con una complicada operación quirúrgica de próstata. Había investigado a fondo sus opciones, pero no obtenía ninguna respuesta definitiva. Sus problemas se encontraban en una «zona gris», sin estadísticas claras que apoyaran una u otra dirección.

La presión aumentaba a medida que se acercaba la fecha límite para tomar una decisión. La cantidad de datos era abrumadora. A pesar de su gran capacidad de análisis, se encontraba en un atolladero. En el último momento decidió instintivamente ponerse el abrigo y salir: «Caminé y caminé, pensando en todo y en nada al mismo tiempo. Todos los datos estadísticos fueron desapareciendo mientras ponía un pie delante del otro. Cuando doblé la esquina para volver a casa, me di cuenta de que algo había cambiado dentro de mí. Ya no estaba confundido». Josh había «metabolizado» todos los datos y, al terminar su paseo, lo tuvo claro. Siguió adelante con la decisión de operarse, y la intervención fue un éxito.

Hace poco me encontré con otro claro ejemplo de esto. El mundialmente conocido escritor y conferenciante Gregg Braden cuenta la historia de una decisión especialmente difícil que tuvo que tomar en noviembre de 1997. No sabía si llevar o no a un grupo de cuarenta personas a Egipto, justo después de un atentado terrorista.[3] El atentado conocido como «la masacre de Luxor» había dejado un saldo de cuatro egipcios y cincuenta y ocho turistas muertos. Braden atribuye a la intuición profunda de su corazón el apoyo para tomar la decisión de seguir adelante con el viaje.

Sin embargo, su historia también habla de la sabiduría de las piernas y los pies: «Inmediatamente, empecé a recibir llamadas telefónicas en relación con la gira prevista. Familiares y amigos me rogaron que no fuera. Las personas inscritas en el viaje me pidieron que lo cancelara. Las autoridades egipcias estaban preocupadas por la posibilidad de otro atentado. Y la agencia de viajes estaba esperando a que tomara una decisión y lo hiciera con rapidez... Me sentí presionado por todas partes. Cada persona con la que hablaba tenía una opinión, y todas tenían mucho sentido... Esta era una de esas situaciones en las que la decisión en uno u otro sentido no era evidente no había nada correcto o incorrecto, y no había forma de saber lo que pasaría en el transcurso de los siguientes días y semanas. Solo estaba yo, mi instinto, mi intuición y la promesa de honrar a mi grupo y a mí mismo con la mejor elección posible.

»Abrumado por el caos de información y de opiniones, apagué el teléfono y bloqueé cualquier aportación de otras personas. Desde mi casa en el desierto del norte de Nuevo México, di un largo paseo por un camino de tierra que había visitado muchas veces en el pasado, cuando había tenido que tomar una decisión difícil.»

Braden regresó de esa caminata con la decisión de seguir adelante como estaba previsto. El viaje fue un éxito increíble en múltiples aspectos. En este caso la sabiduría de su corazón tomó una buena decisión para todos, con el apoyo y la sabiduría de sus piernas y sus pies, que se vieron involucrados en la decisión durante esa caminata.

A menudo se ignora la sabiduría que surge de la activación de las piernas y los pies. Sin embargo, están listos y esperando para ser un poderoso apoyo si nos acordamos de acudir a ellos en esos momentos, ¡como hizo Gregg Braden sin darse cuenta y sin pensarlo!

Las piernas y los pies son inteligentes

Profundicemos en esto, más allá de lo que sucede cuando activamos las piernas y los pies al moverlos. Hay una sabiduría innata que reside en esta zona del cuerpo. Cuando no prestamos atención, o no somos capaces de notar las sensaciones de los pies y las piernas, no podemos beneficiarnos de la información profunda que nos brindan.

Las piernas y los pies no son simplemente los «burros de carga» de nuestro cuerpo, a los que tenemos que «meter en cintura». Son poderosos aliados que nos ayudan a discernir cómo avanzar en nuestras vidas. Tanto si el mensaje es «¡Muévete!» como si es «¡Más despacio!», siempre podemos acceder a su sabiduría si aprendemos a sintonizarnos y recibir el conocimiento que buscamos.

Mi paciente Joan es un gran ejemplo de ello. Llegó a mí después de que una enfermedad crítica la obligara a dar un giro a su vida profesional. Cuando nos conocimos, ya se había recuperado de aquella enfermedad, había dejado su trabajo y había seguido adelante con su vida. Estaba desarrollando sus habilidades en otros ámbitos más gratificantes para ella.

Sin embargo, los efectos de aquel período tan difícil la habían sacudido profundamente y permanecían en su cuerpo, quitándole la paz mental y la claridad.

Joan comenzó la sesión explicándome que necesitaba ayuda para aceptar sus dones para la sanación y seguir adelante con ellos: «Me encanta utilizar mis dones en el trabajo que estoy haciendo», dijo. «A mis pacientes también les encanta. Me siento revitalizada. Entonces, ¿por qué sigo sintiéndome indecisa con respecto a abrir una consulta propia?»

Al sumergir su conciencia en la profundidad de su cuerpo, Joan se sintió atraída hacia abajo, hacia sus pies. Se dio cuenta de que sentía como si tuviera un pie en el acelerador y el otro en el freno. No es de extrañar que tuviera dificultades para avanzar en la manifestación más plena de sus dones.

Cada vez que se embarcaba en un nuevo proyecto, sin importar lo bien que se sintiera cumpliendo sus sueños, se sorprendía a sí misma cayendo en la duda y pisando de golpe el freno. Se encontraba en un ciclo de autosabotaje.

Joan explicó: «He sido muy cautelosa en los últimos años, desde la época en que me consumí tanto y me puse tan enferma. Ese período fue muy difícil para mí. Mis límites eran casi inexistentes. Vivía en estado de alerta, sobrecargada de funciones todo el tiempo y, sin embargo, no podía atender las necesidades de mis electores. Todavía recuerdo lo contraído que sentía el estómago antes de la enfermedad que estuvo a punto de matarme».

Cuando le sugerí que comprobara las sensaciones de sus piernas y sus pies, Joan se quedó asombrada. «Dios mío, me estaban diciendo todo el tiempo que fuera más despacio, pero yo no me daba cuenta. Estaba concentrada en mi necesidad de complacer a los demás». Le pregunté si todavía tendía a hacer demasiadas cosas. Joan soltó una carcajada y me dijo que su «perfeccionista» interior estaba *segura* de no haber hecho lo suficiente. Sin embargo, sus amigos y colegas solían decirle que los dejaba exhaustos.

Joan continuó: «En mi cabeza sé que hago mucho más que la media de las personas, pero de alguna manera el mensaje no parece haberle llegado a esa vieja parte de mí que está segura de que no soy suficiente».

«¿Qué efecto tiene en tus piernas y tus pies el hecho de sentir que no haces lo suficiente?», le pregunté suavemente.

«Siento que la presión se está acumulando de nuevo, como si mis talones se estuvieran plantando en el suelo.» Luego se rio: «Mis pies y mis piernas están diciendo: "¡No cuentes con nosotros!". Estoy plantada literalmente en el suelo. Mis piernas y mis pies todavía tienen miedo de que me entregue por completo a mi trabajo, que pierda mis límites y me desgaste de nuevo».

Después de reírnos un rato, volvimos a hablar de las sensaciones que sentía en las piernas y los pies. Describió lo que notaba: «Mis pies y mis piernas están firmemente sujetos, como si estuvieran metidos en el hormigón, absolutamente decididos a no moverse. Sin embargo, mi parte creativa se está estirando hacia una docena de direcciones diferentes y se siente agotada». ¡Esto le da un nuevo significado a la expresión «dar demasiado de sí»!

Le pregunté: «¿Qué sentirías si pudieras repetirte a ti misma un mensaje como "hago lo que es apropiado en este momento" o "lo que hago es suficiente"?». Su respuesta fue inmediata: «¡Cuando me digo eso, la fuerte presión se alivia!».

Le pregunté: «¿Qué necesitan tus pies y tus piernas para quitarse los frenos y poder trabajar con el resto de tu ser?». Una imagen surgió en la mente de Joan: se vio a sí misma sentándose tranquilamente todos los días y consultando a sus piernas y pies sobre sus planes para el día. Ya practicaba con regularidad el «Proceso básico para habitar el cuerpo» pero, de alguna manera, la sabiduría de sus piernas y sus pies seguía quedándose al margen. «Siento mis pies, pero no me he estado comunicando con ellos regularmente. No tenía ni idea de que pudieran ofrecerme información de ese tipo», dijo Joan.

Resultó que sus pies y sus piernas eran interlocutores bastante cómicos. Joan soltó una carcajada y dijo: «Me están diciendo: "¡Así es, fíjate en todo lo que hacemos por ti cada día! Y tú, la Señorita Alta y Poderosa, escuchando solo a la cabeza y al corazón. ¿Y nosotras qué? ¿Estamos de adorno?"».

Las dos nos reímos a carcajadas con esta última conversación. Joan aseguró a sus piernas y sus pies que los tenía muy presentes y les iba a preguntar: «¿Qué nos toca hacer hoy, piernas y pies?». Los iba a incorporar a su equipo interno para todos los debates y decisiones futuras.

Cuando la sesión llegó a su fin, Joan recibió un nuevo mantra: «Los pies primero». Pudo sentir que su corazón se relajaba cuando sus piernas y sus pies supieron que estaban siendo vistos y escuchados fluyó más energía a través de ellos hacia el resto de su cuerpo. Aplaudí a sus pies por mantenerse firmes hasta que Joan pudo entender el mensaje que estaban enviando. Joan les dio las gracias a sus piernas y sus pies. Se tomó un momento para evaluar el resto de su sistema. Su corazón se sentía profundamente inspirado por su trabajo.

Ahora Joan ha aprendido cómo mantener un equilibrio y unas fronteras saludables. Sabe cómo cuidar de sí misma primero, y compartir sus dones después desde un lugar pleno y centrado. Se dio cuenta de que incluir a los pies y las piernas en sus decisiones contribuía a un corazón más feliz y a tomar elecciones más sabias con respecto a todos los asuntos de su vida. La ayudan a mantener su concentración, no solo para complacer a los demás, sino para satisfacerse realmente a sí misma.

La creatividad y más allá

Más allá de la metabolización y la resolución de problemas, nuestras piernas y pies son un área de sabiduría que también estimula nuestra capacidad de generar ideas. Por ejemplo, un estudio de 2014 encontró que las personas que caminaban durante ocho minutos producían ideas que eran clasificadas como un 61% más creativas que las de aquellas personas que permanecían sentadas durante el mismo período de tiempo.[4]

Sea por la integración de los hemisferios derecho e izquierdo o por algún otro mecanismo responsable de este tipo de aumento en la creatividad, merece la pena recordarlo cuando estés generando ideas o cuando intentes explorar creativamente nuevos horizontes. Se puede acudir a esta sabiduría cuando un problema tiene múltiples aristas o capas de complejidad, o frente a cualquier idea, búsqueda o inspiración que planta problemas desconcertantes que resolver o barreras que derrumbar. En ocasiones así, la sabiduría de las piernas y los pies es necesaria.

Con frecuencia se pasa por alto esta zona de sabiduría porque somos una cultura muy cerebral, centrada en el hemisferio izquierdo. Sin embargo, es un recurso increíblemente valioso para nosotros como seres humanos integrados y creativos. De hecho, la mejor forma de activar la sabiduría de las piernas y los pies es ponerlos en movimiento, como cuando paseamos, corremos, nadamos o realizamos cualquier otro tipo de movimiento rítmico y sincronizado.

Sin embargo, cuando eso no es posible, la siguiente exploración activará la sabiduría de tus piernas y tus pies. Ella te ayudará a habitar más profundamente esta zona de tu cuerpo. Para descargar el audio, ve a www.healingfrom thecore.com/book-downloads. Una vez allí, presiona el botón de descarga.

Exploración N.º 7
La sabiduría de las piernas y los pies

Te doy la bienvenida a la Exploración N.º 7: «La sabiduría de las piernas y los pies».

Siéntete libre de hacer las exploraciones N.º 1 (páginas 84-88) y N.º 2 (páginas 89-97) antes de esta exploración para tener una experiencia más profunda. Recuerda también que la Exploración N.º 3 (páginas 97-113) está diseñada para ser utilizada siempre que te encuentres con un obstáculo o algún tipo de resistencia en tu «Proceso básico para habitar el cuerpo». De este modo, si descubres alguna resistencia mientras exploras cada una de las diferentes áreas de sabiduría, tómalo como un buen indicador para utilizar la Exploración N.º 3, no para rendirte y decirte que el proceso simplemente no funciona o no funciona para ti.

Conciencia interna

Comenzamos simplemente tomando un punto de referencia de tu conciencia interna, sin intentar cambiar nada. Con el fin de hacer esto, permite que tus pies descansen sobre el suelo, con los ojos cerrados o semicerrados. Mientras te acomodas, siguiendo su respiración, percibe con curiosidad la temperatura del aire que va entrando por tus fosas nasales y va llenando tus pulmones.

La conciencia de las piernas y los pies

Trae a la mente una pregunta o dificultad de tu vida para la que no tengas en este momento una respuesta. O tal vez tengas demasiadas posibilidades. Reconócelas. Dales las gracias por mostrarse y después pídeles que descansen un rato en la parte posterior de tu conciencia.

Luego imagínate dando un paseo con este asunto, descendiendo a tus piernas y a tus pies, respirando y estimulando el deseo de avanzar en esta inspiración profunda. La sabiduría de nuestras piernas y pies está diseñada para ayudarnos con la integración del proceso completo.

Visualízate paseando por algún lugar que te parezca hermoso, de modo que tu atención esté centrada en el paisaje y puedas dejar que todo «se digiera» sin pensar en ello. Imagina que caminas a un ritmo cómodo, con tus brazos columpiándose y el corazón latiendo. De este modo, el asunto sobre el que estás reflexionando se metaboliza o se digiere sin esfuerzo. Este movimiento cruzado de piernas y pies integra los hemisferios derecho e izquierdo de tu cerebro, además de trasladar este conocimiento al resto de tu sistema.

Cuando lo creas conveniente, deja que tu paseo llegue a su fin, y observa qué información o respuestas nuevas aparecen en tu conciencia.

¡A disfrutar!

9

Tus huesos

Los dones de la claridad y la estabilidad

Esa voz interior tiene suavidad y claridad a la vez. Así que, para llegar a la autenticidad, hay que seguir bajando hasta llegar al hueso, a la honestidad y a la inevitabilidad de algo.

MEREDITH MONK

Nuestros huesos nos ofrecen un tipo particular de sabiduría, que es vital en el mundo caótico y a veces abrumador en el que vivimos. Es el don de poder sentirnos firmes cuando las emociones son abrumadoras y de ver las cosas con claridad cuando todo parece turbio y confuso.

«Estaba convencida hasta la médula» es una expresión popular que connota un conocimiento procedente de un lugar donde hay claridad y solidez, en el que no hay titubeos. Lo que se deriva de estar en nuestros huesos, particularmente en tiempos de turbulencias, es que podemos convertirnos en un oasis de calma, en un faro de luz clara, cuando el mundo parece sombrío.

Sin embargo, desde la infancia, por lo general, en vez de enseñarnos esto se nos pide que prestemos atención al

195

mundo exterior, que busquemos constantemente la aprobación de los otros. Frecuentemente esto nos conduce a aprender a suprimir las emociones en lugar de procesarlas de una forma saludable. O también nos lleva a vivir abrumados por nuestras emociones y señales internas, sin saber cómo permanecer con todo aquello y procesarlo.

Cuando me lastimé el dedo, como he contado en el capítulo 1, mi padre necesitaba que dejara de llorar. Lo percibí y reprimí mis temores y mis lágrimas, que estaban en proceso de liberarse. Ahora sé que probablemente mi estado emocional estaba causando en mi padre cierta ansiedad interna. Siendo la buena hija que era, minimicé mi dolor y dejé de llorar antes de tiempo.

¿Qué habría pasado si mi padre hubiera ser una presencia estable, que me calmara y permitiera que mi miedo y dolor llegaran a un cierre en un proceso de sanación natural? ¿No preferirías ser esa presencia para aquellos que te rodean?

La presencia firme y tranquila de nuestros huesos

Lo que he visto de manera repetida es que cuando alguien mantiene esa presencia firme y tranquila, ayuda a todos los que están alrededor a llegar a ese lugar dentro de sí mismos más rápidamente. ¿Cómo funciona?

Nuestros huesos son la parte más resistente y densa de nuestra anatomía, el tejido conjuntivo que forma el andamiaje o estructura que sostiene todo lo demás.

Cuando podemos habitar plenamente nuestros huesos, cuando logramos llevar nuestra conciencia a estas cámaras más íntimas de nuestro ser, una sensación de firmeza emana naturalmente de ellos y puede sostener con cuidado cualquier emoción en la que estemos atrapados en ese momento para resolverla de forma natural.

Expresiones relacionadas con los huesos

Estar calado hasta los huesos.
No poder alguien con los huesos.
Ser de carne y hueso.
Ser un hueso duro de roer.
Pinchar en hueso.
Ser la columna vertebral de algo.
Quedarse en los huesos.
No dejarle un hueso sano a alguien.
Meterse hasta los huesos.
Tener los huesos molidos.
Ser todo piel y huesos.
Sentir algo en los huesos.
Llegar hasta la médula.
Cambiar hasta la médula.
Estar convencido hasta la médula.

En el capítulo 2 conté la historia de Jennifer, que se deshizo en lágrimas al compartir su historia al comienzo de un curso. En ese momento utilicé el don de invitarla a sentir la firmeza de sus huesos para ayudarla a lograr un equilibrio interior y a sostener esa enorme bola de dolor con la que había llegado. Siguiendo mis sencillas indicaciones, se asentó fácilmente en sus huesos y pudo sostener y realizar su proceso con más gracia y facilidad.

La acupuntura tradicional china contempla cinco elementos: fuego, aire, agua, tierra y madera, y considera los

197

huesos un elemento de agua. La estación de agua es el invierno, momento natural en el que estamos destinados a ir hacia el interior, a descansar en silencio, para revitalizarnos y rejuvenecer desde el pozo profundo de nuestra médula ósea. Por eso, el caldo hecho con huesos se recomienda tan a menudo para la recuperación y sanación de enfermedades graves y roturas de huesos. La medicina china nos enseña que una buena energía ósea constituye una reserva interior, la cual nos proporciona la resiliencia y la capacidad para lidiar con lo que la vida nos ofrezca, en lugar de abrumarnos.

Además, permitirnos dejar reposar la conciencia en nuestros huesos y permanecer ahí nos ofrece claridad, ya que en ese momento habitamos en nuestros rincones más profundos, en lugar de dejarnos zarandear y confundir por las demandas externas. Una de las cosas que observo es que nos ayuda a saber lo que necesitamos y queremos en nuestras vidas con más precisión y seguridad.

A veces, esta claridad nos revela una información que preferiríamos no ver. Recientemente, cuando realizaba la exploración de la sabiduría de los huesos contenida en este capítulo junto a un cliente, me compartió que había aparecido, con claridad cristalina, el alcance de su enfermedad de Lyme. No fue una toma de conciencia agradable, pero le ayudó a elegir las siguientes opciones terapéuticas que debía probar. Y no se sintió abrumado por este conocimiento, sino consciente de la magnitud de su problema.

La claridad y la estabilidad son dos de los principales dones de nuestros huesos.

Perder el contacto con nuestros huesos

Muchas personas son demasiado complacientes. Cuidan de las necesidades de los demás antes que de las suyas propias. Al hacerlo, a menudo pierden de vista cómo se sienten interiormente. La consecuencia natural de vivir una vida centrada en el exterior es que no desarrollamos la habilidad necesaria para saber lo que necesitamos internamente. Muchas mujeres son educadas para cuidar de los demás e ignorarse a sí mismas, y muchos hombres también. Aunque culturalmente los hombres expresan este cuidar de los demás de una forma diferente, a menudo también lo hacen a expensas de su propia salud y bienestar interior.

El trauma no resuelto es otra de las razones por las que la gente suele pasar por alto el regalo que nos brindan nuestros huesos. Cuando alguien ha sufrido un trauma que permanece alojado en el cuerpo o en la mente sin procesar, el cerebro está constantemente en alerta para detectar cualquier cosa que parezca, huela, sepa o suene como el trauma original. Este eficaz mecanismo de supervivencia evita que cometamos dos veces el mismo error. El problema es que podemos pasarnos la vida en alerta roja, a menudo de manera inconsciente, siempre enfocados en el exterior, buscando el peligro en el horizonte.

Esta forma de hipervigilancia no solo es agotadora, pues se necesita mucha energía para mantenerla, sino que nos deja muy poco tiempo o escasa atención disponible para conocernos internamente. Los huesos son nuestros espacios más íntimos y son la primera víctima que nuestra conciencia sacrifica cuando se divide entre lo externo y lo interno. La supervivencia siempre es lo primero. La hipervigilancia dice: «Ya prestaré atención a mis propias necesidades más tarde, cuando por fin pueda relajarme y aflojar». El problema es que este «relajarse y aflojar» rara vez se produce si no se emprende alguna forma de curación para resolver los recuerdos del trauma. Cuando eso sucede, entonces es más fácil aprender a vivir desde lo más profundo.

Demasiada estabilidad

¿Qué pasa entonces con esas personas tan excesivamente arraigadas que parecen una roca imperturbable en medio un mar tumultuoso? ¿Son el ejemplo supremo de la presencia de la sabiduría profunda de los huesos? En realidad, no.

Cuando a alguien se le ha enseñado a ser la fuerza estabilizadora en un sistema determinado, sea una familia o una organización, es posible que acabe limitándose a representar ese papel y se vuelva incapaz de ver lo que sucede fuera de dicha función, con respecto a su propia salud y bienestar.

Esto puede ocurrir debido a enfermedades en la familia o a la falta de recursos. Cuando se estabiliza en exceso, la persona pierde la información que llega con la apertura a los cambios y la flexibilidad que serían saludables para ella.

George es un perfecto ejemplo de lo que acabamos de exponer. La primera vez que vino a verme, su esposa acababa de morir tras una batalla de diez años contra el cáncer. Durante todo ese tiempo, él había sido la fuerza estabilizadora para ella y sus dos hijos. Comenzaba a sentir los efectos en su propia salud, aunque no comprendía realmente la dinámica subyacente a su agotamiento.

Recurrió a mí por recomendación de un amigo, aunque él consideraba que se encontraba bien. Había hecho un excelente trabajo como estandarte de su familia y de sus círculos más extensos, y era muy querido por todos los que lo conocían. Solo que le resultaba difícil dejar que lo cuidaran y se preocupasen por él.

Esta es una de las características de los que estabilizan en exceso. El «botón de recibir» está apagado. No obstante, la vida debería ser un equilibrio entre dar y recibir, una conexión edificante y nutritiva. Cuando sale más de lo que entra, las personas están disponibles para todos los demás, pero no para sí mismas.

En las sesiones que mantuvimos, le expliqué a George este concepto mientras sostenía suavemente su columna tensa y contraída con las manos planas y abiertas, que servían como cestas llenas de energía para que pudiera descansar cuando estuviera listo.

En esta silenciosa comunicación con su columna, reconocí cómo ella se había encargado de mantenerlo todo en orden para su familia durante todos esos años. Le pregunté a sus músculos y huesos, acunados entre mis manos, cómo se sentían habiendo hecho un trabajo tan admirable durante tanto tiempo. La primera pequeña ola de relajación sobrevino cuando estas palabras surtieron efecto.

Entonces, por primera vez, su cuerpo registró el agotamiento que estaba sintiendo. Le pregunté si quería soltar un poco más. La respuesta inmediata de George fue: «No puedo. ¿Quién va a mantener las cosas en orden si yo suelto y me relajo?».

Le recordé con delicadeza que lo peor ya había pasado. Había conseguido llegar hasta la línea de meta con su esposa. Ahora, en esta nueva etapa, su familia extensa y su comunidad estaban a su disposición, tanto para él como para sus hijos adolescentes. De hecho, su cuerpo no había registrado eso: aún permanecía congelado en esa posición de estabilidad excesiva, aunque ya no fuera necesario ni apropiado.

Cuando George se dio cuenta de lo que estaba sucediendo en el momento presente, sus tejidos empezaron a relajarse aún más. Era como si él estuviera actualizando su sistema operativo interno con la ayuda de mi tacto afectuoso.

Las lágrimas brotaron de sus ojos como señal de alivio mientras se relajaba gradualmente bajo mis manos. Parecía que toda su columna vertebral y su musculatura se estuvieran derritiendo, en el buen sentido del término. Aunque técnicamente él había estado dentro de sus huesos todo el tiempo, en realidad se había quedado allí congelado, incapaz de moverse para hacer otra cosa que no fuera cuidar de los demás. Había elegido un papel noble y compasivo. Sin embargo, quedarse congelado de ese modo puede ser muy perjudicial para la salud y bienestar.

Cuando terminamos la sesión, todo su cuerpo se sentía mucho más relajado. Podía sentir lo que estaba pasando en su interior de una manera mucho más profunda. La sonrisa en su rostro lo decía todo.

Sabía que, con su nueva conciencia interna, su sistema de navegación podía ahora registrar la dirección en la que debía moverse en beneficio de la salud y el bienestar de sí mismo y de su familia con mayor claridad. Hablamos de ello en nuestros últimos minutos juntos y se marchó con la sensación de haber conseguido esas proverbiales «renovadas ganas de vivir».

Esconderte en tus huesos

Otra forma en la que alguien puede estar presente en sus huesos, pero no de una forma saludable, es cuando se ha contraído en su interior como respuesta al estrés o al trauma. Al igual que cuando se responde al estrés mediante la disociación o abandono del cuerpo, este estado de contracción hace que la persona tenga menos sensaciones o pierda el contacto con su interior. Lo percibo como «agazaparse en el interior» para sobrevivir a una amenaza de algún tipo.

Es como si alguien se retirara tras los muros de un castillo y cerrara la puerta: no entra ninguna información nueva, y mucho de lo que sale no es apropiado para el momento actual. Una persona así suele vivir de los recuerdos y tomar decisiones a partir de ideas y patrones obsoletos. Estos muros no son una frontera saludable, aunque originalmente pueda haber sido un intento de poner límites a una situación abrumadora, lo cual tenía sentido en ese momento.

La clave para sanar este tipo de patrón es, en primer lugar, reconocer el estado de contracción como una estrategia exitosa para sobrevivir en una situación desfavorable. Si hablas con personas que se encuentran en este estado y estás sosteniendo el espacio para ellos, su misma presencia es una prueba del éxito de la estrategia: ¡han sobrevivido!

Un tacto nutritivo puede introducirse en el proceso de sanación cuando sea apropiado. El tacto es un localizador primario para las personas, una de las formas más poderosas y eficaces de ayudar a alguien a acceder al momento presente de las sensaciones.

El tacto y la conciencia son poderosos antídotos

En numerosas sesiones he sostenido suavemente los hombros, la columna vertebral, el sacro, las rodillas o los pies de alguien. Lo hago hasta que, al utilizar un tacto no invasivo como elemento de ubicación, la conciencia de la persona vuelve a esas áreas: cualquier parte del cuerpo que establezca una conexión con los huesos de la persona funcionará. Cuando emerge este conocimiento profundo de los huesos, con frecuencia la persona descubre espontáneamente lo que necesita o desea, aunque momentos antes no tuviera ni idea. Este proceso puede durar unos minutos o requerir varios días. La clave es sentir lo más profundo de los huesos y descansar allí hasta que llegue esa claridad silenciosa.

Para las personas que han sufrido un trauma, el tacto —esa forma de conexión poderosa y suave al mismo tiempo— puede ser el primer paso hacia la sanación de los asuntos que permanecen sin resolver en su interior, para encontrar el camino de regreso hacia sí mismas.

Sin embargo, hay que tener mucho cuidado con el tipo de tacto que se utiliza y la forma en que se realiza. Muchas personas que han sobrevivido a traumas profundos creen erróneamente que para llegar a los lugares contraídos en su interior necesitan un contacto profundo o invasivo. Estos pacientes llenan las consultas de fisioterapeutas solicitando un trabajo del tejido más profundo, que en ocasiones puede reavivar el trauma.

Más veces de las que puedo contar, pacientes con este patrón contraído de supervivencia llegan a mi consulta contándome que han probado una nueva terapia que alguien les ha recomendado. Se trata de alguna terapia de contacto, sonido o movimiento (o alguna de sus combinaciones) que es poderosa e invasiva, «pero en el buen sentido», aclaran. Cuando les pido que describan el proceso, admiten que fue un poco abrumador y que les causó dolor, pero añaden: «El terapeuta me dijo que era bueno para mí seguro que fue parte del proceso de liberación de eso que estaba tan anudado». Sin embargo, cuando poso mis manos sobre esa persona, el tejido ha retrocedido a un patrón más apretado que el anterior o han desaparecido los progresos que habíamos conseguido en las sesiones anteriores.

Al indagar un poco más, la gente admite que, aunque al principio creyeron que esta terapia podría ayudarlos a abrirse paso y sanar más rápidamente, quizá de una vez por todas, en realidad las dejó cojeando, contraídas o desorientadas durante algún tiempo después. En otras palabras, el «trabajo terapéutico» reavivó el trauma. Según mi experiencia, lo que mejor funciona es mantener un contacto suave y nutritivo que no resulte invasivo para el paciente. A continuación, permitirle que saque su conciencia de ese lugar congelado y contraído para encontrarse con el terapeuta. Esto puede llevar algún tiempo y requiere de seguridad y presencia terapéutica por parte del profesional.

Las técnicas no invasivas de liberación de la terapia craneosacral destacan en este punto, ya que liberan las restricciones físicas procedentes de traumas de todo tipo. Esto permite que el conjunto cuerpo-mente-espíritu alcance una mayor conciencia y conexión interna, ya que el sistema nervioso funciona de una manera más óptima.

Para habitar de forma más profunda en tus propios huesos, te invito a escuchar la exploración de este capítulo. Para descargar el audio, ve a www.healingfromthecore. com/book-downloads. Una vez allí, presiona el botón de descarga.

Exploración N.º 8

La sabiduría de los huesos

Te doy la bienvenida a la Exploración N.º 8: «La sabiduría de los huesos». Siéntete libre de hacer las exploraciones N.º 1 (páginas 84-88) y N.º 2 (páginas 89-97) antes de esta exploración para tener una experiencia más profunda. Recuerda también que la Exploración N.º 3 (páginas 97-113) está diseñada para ser utilizada siempre que te encuentres con un obstáculo o algún tipo de resistencia en tu «Proceso básico para habitar el cuerpo». De este modo, si descubres alguna resistencia mientras exploras cada una de las diferentes áreas de sabiduría, tómalo como un buen indicador para utilizar la Exploración N.º 3, no para rendirte y decirte que el proceso simplemente no funciona o no funciona para ti.

Conciencia interna

Empieza simplemente observando el punto de partida de tu conciencia interior en este momento, sin intentar cambiar nada. Para ello, deja que tus pies descansen completamente en el suelo, con los ojos cerrados o semicerrados. Mientras te acomodas, siguiendo tu respiración, percibe con curiosidad la temperatura del aire cuando entra en tus fosas nasales y llena tus pulmones. Fíjate cómo van subiendo y bajando el pecho y la espalda, mientras respiras con normalidad.

La conciencia de los huesos

A continuación, deja que tu conciencia se dirija a los huesos, a lo más profundo de tus cavidades, esas partes sólidas y firmes de tu ser. Los huesos son el tejido conjuntivo más denso y fuerte del cuerpo, y la mayoría se encuentran en el nivel más profundo. Constituyen la estructura sobre la que descansa todo lo demás.

Sin embargo, aunque son robustos y fuertes, también contienen espacios de aire, como las esponjas. (De no ser así, ¡pesaríamos mucho más!) Ahora permítete percibir, ver o sentir estos maravillosos espacios de aire que forman parte de tus huesos.

Al imaginártelos, adéntrate poco a poco en ellos, viajando con tu inhalación, con tu inspiración, hasta llegar a esos espacios de aire y, al exhalar, deja que tu conciencia descanse en lo más profundo.

En la siguiente inhalación, ve más hondo y en la siguiente exhalación, descansa profundamente en el santuario interno de tus huesos. Puedes entrar en todos ellos mientras respiras, o elegir la zona que te convenga más. Puede ser la columna vertebral, los huesos de la pelvis o las piernas y los pies.

Descansa dondequiera que te resulte más fácil sumergirte en este momento, con tu atención centrada en lo más profundo de tu ser.

Nota la claridad que aparece a medida que la agitación de las actividades de tu vida cotidiana se disipa y te vas sumergiendo más profundamente en la calma que tus huesos te proporcionan de forma natural. Tómate una pausa ahora para sentarte en silencio con tu conciencia en lo más profundo de tu ser.

Tómate todo el tiempo que necesites para percibir la sensación de estabilidad y claridad que proporciona esta zona de sabiduría. Recibe la información profunda que proviene de tus huesos.

Y, cuando lo creas conveniente, permite que tu conciencia se expanda hacia el resto de tu ser, impregnando tus células con la calma y la claridad firme de la sabiduría de tus huesos.

¡Disfrútalo!

10

Tu cerebro

Los dones de un sistema integrado

Sigue a tu corazón, pero lleva a tu cerebro contigo.

ALFRED ADLER

Durante siglos, el mundo occidental ilustrado ha adoptado una teoría verticalista en lo que respecta al cerebro. La famosa frase de Descartes «Pienso, luego existo» lo dice todo. Según este marco conceptual, manda lo que está por encima del cuello, todo lo que hay debajo de él es la servidumbre.

En las dos últimas décadas, esta teoría tan arraigada ha sido cuestionada desde muchos ámbitos. En la década de 1990 se abrieron nuevas perspectivas en la investigación neurocientífica gracias a métodos innovadores de escaneo y monitorización del cerebro, que sacaron a la luz la complejidad de todo nuestro sistema humano.

Los nuevos datos indican que gran parte de lo que sucede en el cerebro tiene su origen más allá del funcionamiento fisiológico normal, en señales enviadas por el corazón, por el intestino, la pelvis y muy probablemente otras áreas aún inexploradas por la ciencia. La inteligencia, que solía atribuirse exclusivamente al cerebro, ahora se asocia también a lo que yo llamo las áreas de sabiduría del cuerpo.

El cerebro es un miembro muy importante del equipo que conforma todo nuestro sistema humano. Sin embargo, no es el jefe todopoderoso que habíamos creído que era. Dicho esto, se sabe que varias zonas del cerebro intervienen en el procesamiento de las señales y la información que llega desde las distintas áreas del cuerpo.

La corteza prefrontal es una de esas zonas: se encuentra directamente detrás de la frente, por detrás y por encima de los ojos.[1] Anatómicamente, esta área incluye la corteza cingulada anterior, la corteza orbitofrontal, la corteza prefrontal medial (lados dorsal y ventral) y la corteza prefrontal ventrolateral.

Cuando esta zona del cerebro está sana, conectada y funcionando de manera óptima, la corteza prefrontal registra y procesa una amplia cantidad de información, desde la moralidad hasta la modulación del miedo, pasando por el equilibrio emocional y la percepción interna profunda. Organiza la poderosa información que va llegando a cada momento desde el cuerpo, en base a la cual después elabora estrategias. Las señales que recibe desde todos nuestros sentidos y desde las áreas de sabiduría del cuerpo dan al cerebro la información necesaria para tomar decisiones e impulsar a la acción.

La corteza prefrontal está asociada con o es mediadora en los procesos que describo a continuación. Lo que sabemos es que si en estas áreas hay un daño causado por un trauma físico o emocional, estas funciones se verán mermadas. También sabemos que muchas formas de meditación y el trabajo que presento en este libro fortalecen la función prefrontal.

Veamos con más detalle lo que muestran las últimas investigaciones.[2]

La regulación del cuerpo

Cuando la rama parasimpática del sistema nervioso (la función de descanso y digestión) y la rama simpática (el acelerador que nos ayuda a responder a los factores de estrés) están adecuadamente equilibradas, el cuerpo alcanza también un equilibrio saludable.

Expresiones relacionadas con el cerebro

Sacarse algo de la cabeza.
Perder la cabeza.
No tener cabeza para algo.
Aclarar la cabeza.
Ser un cabeza de chorlito.
Tener la cabeza en las nubes.
Dar vueltas la cabeza.
Meterse algo en la cabeza.
Meterse de cabeza en algo.
Agachar la cabeza.
Echar humo por la cabeza.
Calentar la cabeza.
Ir con la cabeza muy alta.
Tener el cerebro de un mosquito.
Estrujarse el cerebro.

Ir de cabeza.

Estar a la cabeza de algo.

No levantar cabeza.

Mi colega Rhonda se acercó una vez a la esquina de su casa, en la región desértica y montañosa del sur de California, para ver por qué estaba ladrando su perro. Lo que la aguardaba era un puma que salía de su garaje. Su corazón empezó a latir con fuerza, su presión arterial se elevó, su instinto visceral la dejó paralizada en el sitio y gritó. El puma, probablemente tan sobresaltado como Rhonda, echó a correr y saltó la cerca.

Al verlo desaparecer, su estómago se relajó y su corazón se ralentizó, al tiempo que su sistema comenzaba a volver a la normalidad. Se dio cuenta de que ya no estaba en peligro. Rhonda salió de su estado de *shock* mientras recogía a su perro y entraba de nuevo en la casa para llamar a su vecino. Cuando levantó el teléfono, su respiración ya se había normalizado por completo.

Esta zona de la corteza prefrontal trabajó con las señales de su cuerpo para volver al equilibrio con relativa rapidez. Rhonda, habituada a la vida en el desierto, había sobrevivido a todo tipo de situaciones, por lo que su cuerpo tenía una capacidad de recuperación que ayudaba a su sistema nervioso a regresar rápidamente a la normalidad. Esto le permitía estar preparada para cualquier cosa que la vida le deparara, ¡una habilidad de supervivencia que es vital en esa región del país!

La comunicación saludable

Cuando resonamos con las señales que recibimos de otras personas y respondemos de formas que nos permiten conectar más profundamente con ellas, nos sentimos bien. Alimentar la conexión es una necesidad fundamental para la salud y el bienestar. Cuando esta área no funciona bien, las señales se confunden o se malinterpretan, y el resultado puede ser la desconexión y el dolor.

Mi paciente Joe se encontraba en una fiesta cuando, al mirar al otro lado de la sala, vio a Melissa sonriéndole. La calidez de su sonrisa, que le llegó al corazón, era la señal que necesitaba para aproximarse a hablar con ella. Cruzó la sala y se presentó. Su cerebro había captado la señal de su corazón, la había interpretado y había pasado a la acción.

Joe y Melissa mantuvieron una animada conversación. El corazón de Joe se aceleraba con el ingenio y la belleza de Melissa. Ella parecía igualmente cautivada. Pero en la conversación, Joe hizo un comentario sobre política que hizo que a Melissa se le borrara la sonrisa. Aunque no se alejó, Melissa se mostró a partir de entonces más fría en sus palabras y en sus maneras. Joe se desanimó al percibir estas señales y darse cuenta de que había cometido un gran error. Su corazón estaba captando con precisión las señales de Melissa, y la percepción de estas señales por parte de su cerebro permitía una comunicación más profunda que las palabras por sí solas. Como seres humanos, a menudo experimentamos ese nivel de comunicación más profunda. Es muy importante que nuestros sistemas de interacción social funcionen bien, para sentirnos conectados con los que más nos importan.

El equilibrio emocional

La oficina de triaje de la corteza prefrontal modula un punto de equilibrio saludable entre una estimulación emocional excesiva y una demasiado escasa en otras palabras, calma o inhibe las emociones exacerbadas y permite que las saludables afloren y nos ofrezcan cualquier información de la que dispongan. Mi colega Peter tenía que dar un discurso en la boda de su hermano. Cuando se puso en pie, su miedo a hablar en público le desbordó. Su corazón se aceleró tanto que le impedía hablar. Llevó entonces su atención a las piernas y los pies para arraigarse cuando se acomodó más en sus huesos, sus pensamientos se aclararon. Con ello, reconoció que la respuesta de su cuerpo no era realmente apropiada para la situación: no estaba en peligro.

Al ralentizar su respiración, Peter pudo sentir la gratitud y el amor que albergaba por su hermano. Miró las caras de sus familiares y amigos, y se dio cuenta de que todos los presentes le deseaban lo mejor. Su ritmo cardíaco disminuyó a medida que el miedo desaparecía. Peter pronunció su discurso y recibió una gran ovación.

Aquí podemos ver cómo el área de la corteza prefrontal y nuestras áreas de sabiduría corporal colaboran para ayudar a modular las emociones que, de otro modo, nos paralizarían. Llevo más de treinta años hablando en público y sé que cuando mis emociones empiezan a surgir a causa de una historia que estoy compartiendo (normalmente en forma de lágrimas), no tengo más que llevar mi conciencia hacia abajo y hacia el interior de mi cuerpo, para estabilizarme y permitir que el mensaje se transmita de una forma poderosa pero serena.

Responder con flexibilidad

La habilidad de pararse un momento antes de responder para sopesar las opciones y elegir la más adecuada es vital para no ser secuestrados por los centros de activación emocional del cerebro. Hace poco, mi amiga Mary estaba sentada en su coche ante un semáforo en rojo. Cuando la persona que estaba detrás de ella comenzó a tocar el claxon, ella dio un salto en el asiento, asustada. Su primera reacción fue de irritación. Quería gritarle: «El semáforo sigue en rojo, ¿no lo ves?». Pero luego se avergonzó de esa respuesta, pensando que tal vez el hombre necesitaba adelantar por alguna razón y ella estaba estorbando. Sentía el estómago contraído y se iba tensando aún más a cada momento.

Instintivamente, Mary comenzó a acercar el pie al acelerador. Pero se detuvo y volvió a evaluar la situación. Finalmente, se dio cuenta de que el hombre estaba tocando el claxon a un amigo que caminaba por la calzada. La capacidad que tenemos los seres humanos para modular las respuestas emocionales es enorme, si nos detenemos y nos tomamos el tiempo de observar el panorama más ampliamente.

La percepción interna profunda

La capacidad de conectar el pasado con el momento presente y de anticipar el futuro nos proporciona la perspectiva necesaria para tomar decisiones acertadas. Toda sanación consciente requiere sacar a la luz nuestros recuerdos no procesados, con el fin de comprenderlos y aflojar la carga emocional que todavía pueden tener para nosotros.

La percepción interna profunda nos ayuda a ver cómo nuestro pasado y lo que pensamos acerca de nuestro futuro afectan a lo que somos ahora. Cuando cultivamos la percepción interna profunda, esta nos revela las cualidades que tenemos y que nos gustaría ampliar o cambiar de alguna manera.

Esta visión profunda nos activa y empodera para la comprensión de los diálogos internos o narrativas personales que pueden haber impulsado en el pasado nuestras acciones y nuestra personalidad de una forma inconsciente. En el capítulo 3 conté la historia de Tony, un enfermero excesivamente servicial cuya consigna inconsciente o narrativa interior sobre el cuidado de los demás lo condujo, literalmente, a sufrir un infarto. Podría ser un buen ejemplo de la consecuencia natural de una desconexión entre la sabiduría del cuerpo —que le pedía bajar el ritmo y descansar— y la capacidad de percepción interna de esta zona del cerebro, que en circunstancias normales recibe las señales corporales y actúa en concordancia con ellas, lo que conduce a decisiones saludables, no a un ataque al corazón.

Hace poco entrevisté a una mujer que es una directiva de alto nivel en una organización sanitaria. Tras un grave susto de salud, captó el mensaje de su cuerpo y ha vuelto a conectar sus capacidades de percepción interna con las señales corporales que recibe a diario.

Ahora, cuando siente esa sensación de pesadez y cansancio que había precedido a su colapso de salud, se toma un descanso. Sin excusas. También está cambiando su estilo de vida para incluir más yoga y meditación. Al hacerlo, está integrando, literalmente, sus experiencias del pasado con sus sensaciones del momento presente, y ahora es capaz de concebir un futuro mucho más saludable.

La empatía

La empatía describe la forma en que comprendemos el punto de vista de otra persona, que puede incluir la capacidad de sentir una sensación o emoción similar, o de tener en nuestra mente una imagen de su experiencia. Esta zona del cerebro registra las conexiones corazón-mente y mente-cuerpo que surgen de forma natural cuando estamos en presencia de otra persona y reconocemos su estado de ánimo actual o su situación vital más amplia.

Hace poco murió repentinamente un querido amigo, justo el día antes del cumpleaños de su mujer. ¿Cómo celebrar tu cumpleaños y llorar la pérdida de tu pareja en un lapso de veinticuatro horas? Sentí una fuerte empatía por su situación. Mi corazón se hermanó con ella, y me aproximé para hacerle saber que no estaba sola.

En el capítulo 1 he hablado sobre el hecho de que cuando no sabemos cómo gestionar nuestra empatía nos resulta difícil verla como una ventaja. Cuando nos sentimos bombardeados por lo que sienten los demás debido a nuestra propia sensibilidad, tendemos a apagar la empatía, ya sea bloqueando las señales corporales que nos llegan o adormeciendo lo que nos indica esta zona del cerebro.

Tanto bloquear como insensibilizar la empatía nos empobrece, dado que también nos excluye de las ricas posibilidades de conexión profunda que ofrece la vida. Estas conexiones pueden ayudarnos a alimentar y reparar recuerdos dolorosos de desconexión y soledad procedentes del pasado.

Recientemente, mientras trataba a Martha en la demostración de un curso de terapia craneosacral, ella describió una dolorosa desconexión con respecto a sus padres. Se peleaban sin cesar, lo que la hacía sentir sola y abandonada a la edad de tres años.

Mientras lo describía, lloraba. Gran parte del público se sintió conmovido por su angustiante experiencia. Durante la sesión, Martha resolvió y liberó su creencia limitante de continuo e interminable abandono. Concluyó el tratamiento con un sentimiento de plenitud y energía, incluso de alegría.

Después de la demostración, un hombre mayor dijo que él también había sentido cómo le brotaban las lágrimas mientras ella describía su experiencia. También había sufrido una profunda y dolorosa desconexión en su primera infancia. Quería saber cómo podía ser terapeuta y ofrecer un espacio seguro para este nivel de angustia sin ahogarse en su propio dolor. En mi experiencia, este dilema no es infrecuente.

Lo ayudé a tranquilizarse y a enraizarse poco a poco. Cuando fue capaz de entrar en su cuerpo a ese nivel, todo su semblante cambió. Su rostro se relajó y se dio cuenta de que no solo podía contener su propio dolor, sino que podía estar en presencia del dolor de otra persona sin sentirse abrumado. En ese momento, él también fue capaz de sentir ese espacio lleno de alegría que Martha había experimentado al final de la sesión.

Cuando nuestro mundo emocional interior está sumido en el caos o el dolor, tendemos a reprimirlo y tratar de controlarlo o contenerlo. Esta respuesta bloquea la empatía y nos impide avanzar en la vida. La alternativa saludable es integrar nuestro mundo emocional, abrazando la empatía como una ventaja y no como una carga.

La modulación del miedo

Tenemos la capacidad de gestionar el miedo que tiende a paralizarnos. Las investigaciones demuestran que cuando podemos modularlo de forma intencionada y consciente —como hizo Peter en el discurso de la boda de su hermano—, la corteza prefrontal hace crecer fibras de conexión hacia las áreas del cerebro que registran el trauma y les proporciona GABA calmante.[3] El GABA es un péptido inhibidor que calma la hipervigilancia exacerbada que acompaña a la respuesta del miedo.

Las prácticas básicas para habitar profundamente el cuerpo, como las que se sugieren en este libro, calman la ansiedad y el miedo al crear conexiones integradoras con esta zona del cerebro.

He podido comprobar que cuando las personas que participan en mis cursos de formación utilizan estas técnicas, sus niveles de miedo y ansiedad disminuyen considerablemente. Su capacidad para mantenerse plenamente funcionales y competentes en situaciones de estrés aumenta de forma constante. De hecho, este es uno de los resultados más frecuentes que se reportan cuando se utilizan estas prácticas de forma sistemática.

Cómo acceder a la intuición

La intuición proviene de nuestros sentidos internos, incluyendo nuestras intuiciones viscerales, la sabiduría del corazón, la claridad del saber profundo de los huesos y cualquier otra señal que nuestro cuerpo envíe desde su sabiduría. Combinada con cualquier recuerdo o conocimiento racional y con las señales que captamos del mundo invisible y del entorno que nos rodea, la intuición nos da acceso a percepciones en las que podemos confiar.

Puede aparecer de muchas maneras: en forma de pensamiento fugaz acerca de una persona, y que justo nos llame unos instantes después como una repentina oleada de tristeza y saber más tarde que un buen amigo murió en el momento exacto en que la habíamos sentido.

Cuando todas las áreas del cuerpo están conectadas e integradas, este sentido de la intuición comienza a sentirse francamente ordinario, es decir, ocurre con tanta frecuencia que dejas de cuestionarlo y lo reconoces como un proceso normal.

La moralidad

Nuestra brújula moral interior se registra en la corteza prefrontal cuando todo nuestro sistema está integrado. Funciona en conjunto con las áreas de sabiduría del cuerpo, especialmente la claridad del saber profundo y la firmeza de los huesos y la compasión e inspiración profunda del corazón.

Cuando habitamos plenamente las áreas de sabiduría y la zona del cerebro correspondiente, la moralidad está operativa, tenemos una capacidad natural para imaginar qué satisface el bien común de manera más amplia. Esta moralidad no depende de que alguien nos observe. Viene de dentro. Nos permite imaginar y actuar de acuerdo con nuestro sentido interno de integridad moral.

Los individuos dañados, cuyas cortezas prefrontales medias han sido desconectadas por el trauma, pueden perder esta capacidad de pensamiento y acción moral. Lo comprobé de primera mano en la vida de mi difunto hermano, quien sufrió dos graves traumatismos craneoencefálicos en esta zona exacta de su cerebro antes de cumplir los diez años. El primero ocurrió alrededor de los siete años, cuando chocó de frente contra un poste de hierro en el patio del colegio. Esa lesión lo mantuvo en casa durante días con dolor de cabeza, mientras se recuperaba gradualmente como para volver a la escuela.

El segundo incidente sucedió al año siguiente, cuando se me acercó por detrás cuando yo estaba haciendo un *swing* con un bate de béisbol en el entrenamiento para un partido. No fue un ligero golpe en la frente. Me sentí fatal al ver el enorme chichón que apareció en medio de su frente. A medida que fue entrando en la adolescencia, mi hermano se fue volviendo cada vez más reservado, hasta que finalmente se suicidó a la edad de cuarenta y dos años, después de haber llevado una vida delictiva que solo conocía su círculo más íntimo.

Cuando ambos éramos veinteañeros, le pregunté por qué no había continuado con sus estudios de Medicina, después del curso preparatorio de ingreso a la facultad. Me miró y me confesó con una rotunda e inusitada franqueza que no quería ayudar a la gente como lo hacía yo. Simplemente no le importaba. No lo dijo con mala intención. Solo estaba siendo honesto.

Ese sentido interno de la moral y la empatía estaba desconectado en su sistema, y las acciones que llevó a cabo a lo largo de las dos siguientes décadas hasta su muerte reflejaban este hecho.

La integración

Como responsable de la integración global de todo nuestro sistema, la corteza prefrontal recibe información del cuerpo y se conecta directamente con las otras capas del córtex, el área límbica del cerebro y el tronco encefálico. También se encarga de crear la integración social, corporal, límbica y troncoencefálica. Todas estas importantes áreas se reúnen en la oficina de triaje de la corteza prefrontal del cerebro.

Hay otras zonas del cerebro que registran las sensaciones y los procesos corporales: la ínsula, el tálamo, la hipófisis, el hipotálamo y muchas otras que se están revelando y descubriendo cada día.[4] Se sabe que existen muchas interconexiones entre las estructuras del cerebro y nuestra sabiduría corporal que respaldan las prácticas descritas en este libro.

Como puedes ver, es importante incluir el cerebro en nuestro equipo de áreas de sabiduría corporal. Sin embargo, no es el jefe que hasta ahora se asumido que era. El modelo verticalista ha quedado obsoleto, en favor de otro que refleja la colaboración de la sabiduría corporal con todas las áreas del cerebro. En realidad, gran parte de lo que sucede viene desde abajo hacia arriba, y tenemos que reconocer este hecho y trabajar con un nuevo paradigma de sabiduría corporal integrada si queremos experimentar todo nuestro potencial. La exploración de este capítulo te ayudará a hacer precisamente eso. Para descargar el audio, ve a www.healingfromthecore.com/book-downloads. Una vez allí, presiona el botón de descarga.

Exploración N.º 9
La sabiduría corporal integrada

Te doy la bienvenida a la Exploración N.º 9: «La sabiduría corporal integrada». La siguiente práctica te ayudará a navegar mejor desde tu paisaje interno único, despertando tu conciencia en algunas de las áreas clave de la sabiduría de tu cuerpo y escuchando lo que tienen que decirte. Siéntete libre de hacer las exploraciones N.º 1 (páginas 84-88) y N.º 2 (páginas 89-97) antes de esta exploración para tener una experiencia más profunda. Recuerda también que la Exploración N.º 3 (páginas 97-113) está diseñada para ser utilizada siempre que te encuentres con un obstáculo o algún tipo de resistencia en tu «Proceso básico para habitar el cuerpo». De este modo, si descubres alguna resistencia mientras exploras cada una de las diferentes áreas de sabiduría, tómalo como un buen indicador para utilizar la Exploración N.º 3, no para rendirte y decirte que el proceso simplemente no funciona o no funciona para ti.

Conciencia interna

Empieza simplemente observando el punto de partida de tu conciencia interior en este momento, sin intentar cambiar nada. Para ello, deja que tus pies descansen completamente en el suelo, con los ojos cerrados o semicerrados. Mientras te acomodas, siguiendo tu respiración, percibe con curiosidad la temperatura del aire cuando entra en tus fosas nasales y llena tus pulmones.

Fíjate en cómo van subiendo y bajando el pecho y la espalda mientras respiras con normalidad.

La sabiduría del corazón

Permite que tu conciencia viaje a la zona del corazón, dirigiendo la atención hacia tu interior, descendiendo tan profundamente como te resulte cómodo en este momento. ¿Qué sensaciones aparecen aquí? ¿Sientes calor o frío? ¿Sientes algún color en particular? ¿Hay algún zumbido o latido?

El corazón es conocido como el hogar de nuestra compasión, servicio y amor. Si descendemos a un nivel aún más profundo, el corazón es el guardián de la sabiduría de nuestras inspiraciones más hondas, que mantiene encendido nuestro fuego interior.

¿Qué es lo que más te inspira en tu vida ahora mismo? ¿Qué ilumina tus días y te llena de energía? Siente en qué parte de tu corazón reside. ¿Qué sensación te produce? ¿Qué imágenes surgen?

Puede que te inspire un proyecto en el que estés participando, o una parte de tu propio proceso de sanación, o la crianza de tu familia, o la creación de algo nuevo y emocionante. Sea lo que sea, permítete notar lo que sientes en tu corazón, mientras respiras y reconoces esta inspiración en este momento de tu vida.

La sabiduría del instinto visceral

A continuación, deja que tu conciencia descienda desde tu corazón hacia la zona de tu abdomen, notando cómo esta área de sabiduría proporciona información a las inspiraciones que residen en tu corazón. ¿Sientes el abdomen conectado a tu corazón? ¿La conexión es débil o fuerte? Mientras tu atención descansa allí, nota si tu intestino te dice hasta qué punto es adecuada para ti esta inspiración, o tal vez cómo necesita ser modificada para poder llevarse a cabo.

Si hay algo que no encaja del todo en la forma en que estás experimentando tu inspiración, esa sensación visceral instintiva te avisará de ello. Registra lo que te dice tu instinto en este momento. Escúchalo.

Lo que estamos buscando aquí es una alineación natural y una conexión completa entre tu sabiduría visceral y lo que te inspira. Si hay algo que aún no está bien del todo, puedes reajustarlo hasta que haya una buena conexión entre tu instinto visceral y lo que enciende tu fuego interior.

La sabiduría del instinto visceral ofrece una importante retroalimentación en cada momento. Es vital escuchar esta información, con el fin de pasar a la acción solo en aquello que es realmente adecuado para ti en este momento.

La sabiduría de la pelvis

A continuación, deja que tu conciencia descienda hacia la pelvis, el motor de tu cuerpo. Esto incluye el suelo pélvico y los genitales, así como el sacro y el coxis.

¿Sientes la pelvis abierta y conectada con el abdomen y el corazón? ¿Qué sensaciones percibes aquí?

Las preguntas a las que responde esta zona de sabiduría son: «¿Estoy dispuesto a respaldar con mi fuerza interior esta profunda inspiración que hay en mi corazón? ¿Tengo la energía suficiente para apoyar lo que haga falta?».

Fíjate en la respuesta natural tu pelvis, y observa si sientes que puedes apoyar este proyecto, esta inspiración, desde tu pozo de energía interna y no tanto desde tu voluntad. Esta zona también te informará de si en este momento contiene fuerza o no.

Si tienes un espíritu soñador y demasiado optimista, es posible que te invite a reorganizarte o a que bajes el ritmo de lo que estás haciendo. Esta «verificación de la realidad» energética tan precisa es uno de los regalos que la pelvis puede proporcionarte.

Puede que te dé una señal plena de «adelante», lo cual puede avivar la llama de tus sueños e inspiraciones, y ayudarte a dar el siguiente paso para manifestarlos.

La sabiduría de las piernas y los pies

Algunas veces una misma cuestión está compuesta por muchos aspectos, y hay varias capas de complejidad con las que lidiar en torno a cualquier idea, búsqueda o inspiración: problemas desconcertantes que hay que resolver, barreras que hay que afrontar y disolver. Cuando esto ocurre, como sucede a menudo en nuestras vidas, se necesita la sabiduría de las piernas y los pies.

Si puedes dar un paseo en este momento, sería lo ideal.

Si no es así, imagínate dando un paseo con este tema que quieres abordar, llevando tu atención hacia las piernas y luego más abajo, hasta los pies, respirando y estimulando el deseo de avanzar en esta inspiración profunda.

Las piernas y los pies pueden ayudarnos a integrar todo el proceso.

Imagínate paseando por algún lugar que te parezca hermoso, de manera que tu atención esté en el paisaje y puedas dejar que todo se «digiera» sin pensar en ello. Vas caminando a un ritmo cómodo, moviendo los brazos, con el corazón latiendo. De este modo, el asunto sobre el que estás reflexionando se metaboliza o se digiere sin esfuerzo. El movimiento cruzado de piernas y pies integra los hemisferios derecho e izquierdo de tu cerebro, además de trasladar este conocimiento al resto de tu sistema.

Cuando lo creas conveniente, deja que tu paseo llegue a su fin, y observa qué información o respuestas nuevas aparecen en tu conciencia.

La sabiduría de los huesos

A continuación, deja que tu conciencia se dirija a los huesos, a lo más profundo de tus cavidades, esas partes sólidas y firmes de tu ser. Los huesos son el tejido conjuntivo más denso y fuerte del cuerpo, y la mayoría se encuentran en el nivel más profundo. Constituyen la estructura sobre la que descansa todo lo demás.

Siente tu columna vertebral, los huesos de la pelvis o tus piernas y pies. Escoge cualquiera de estas zonas en la que te resulte más fácil sumergirte en este momento, y descansa allí con tu atención centrada en lo más profundo de ti.

Recuerda que nuestros huesos tienen espacios de aire, como una esponja, y permítete respirar dentro de estos espacios con cada respiración, adentrándote más profundamente dentro de tus huesos.

Tómate unos minutos ahora para sentarte en silencio con tu conciencia en lo más profundo de tu ser. Nota la claridad que aparece a medida que la agitación de las actividades de tu vida cotidiana se disipa y te vas sumergiendo más profundamente en la calma que tus huesos te proporcionan de forma natural. Tómate todo el tiempo que necesites para percibir la sensación de estabilidad y claridad que ofrece esta zona de sabiduría. Recibe la información profunda que proviene de tus huesos.

La sabiduría de la conciencia corporal integrada

Cuando hayas descansado en tus huesos el tiempo suficiente, permite que tu conciencia comience a expandirse desde tus huesos hacia el resto de tu cuerpo, infundiéndole un claro sentido de dirección y firmeza. Desde lo más profundo, deja que una suave luz se expanda desde el templo interno de tus huesos, para que todas las células del cuerpo se empapen de esta sabiduría.

Permite que esta expansión incluya tu cabeza, tu cerebro. Deja que la sabiduría de tu corazón, de tu instinto visceral, de tu pelvis, de tus piernas y pies, y de tus huesos comparta información con tu cerebro, ese gran creador y elaborador de mapas, para que seas capaz de visualizar con claridad lo que deseas, elaborar estrategias y planes sabios, y ver qué paso viene después. Deja que este proceso se despliegue y llegue a ti de forma fácil y natural.

Cuando lo consideres oportuno, deja que tu conciencia regrese al mundo exterior. Tal vez quieras sacar tu diario y hacer algunas anotaciones sobre lo que has visto, sentido y escuchado desde estas áreas de sabiduría profunda de tu cuerpo, para que puedas llevar a buen puerto lo que emprendas en la vida.

¡Que lo disfrutes!

11

Vivir en todas nuestras células

La vida te está esperando

La gente dice que lo que todos buscamos es un sentido para la vida. Yo no creo que sea eso lo que realmente estamos buscando. Creo que lo que buscamos es una experiencia de estar vivos, para que nuestras experiencias de vida en el plano puramente físico tengan resonancias con nuestro ser y realidad más íntimos, de modo que sintamos verdaderamente el arrebato de estar vivos.

JOSEPH CAMPBELL

Cuando asistí a mi primer curso de terapia craneosacral con el doctor John Upledger en el otoño de 1983, mi cuerpo empezó a enviar señales con todas sus fuerzas. En aquel entonces convivía con un dolor crónico diario, como consecuencia de un accidente de coche que sufrí en 1980 (por no mencionar los vestigios de los problemas de cuello que acarreaba desde 1971). La sabiduría de mi cuerpo intuyó, de algún modo, que la clave para liberarme de mis dolencias estaba en este sistema de sanación.

El último día de clase, mientras observaba al doctor Upledger hacer una demostración de una liberación del cuerpo completo, todas las células de mi cuerpo aún doloridas empezaron a anhelar esa atención curativa y lo manifestaron en forma de profunda molestia. Pasó de ser un suave ruido de fondo a un dolor en toda regla, como si dijeran: «¡Por aquí!». Era imposible pasar por alto lo que estaba sintiendo de forma tan palpable.

Aunque en aquel momento no lo podía explicar ni lo hubiera expresado así, sé que mi corazón se sentía profundamente inspirado y mi instinto visceral sabía que estaba en presencia de algo que podía ayudarme.

Esto es lo que me sucede cuando se abre un camino que estoy destinada a tomar. Sé que no soy la única que experimenta esto. Puede que al leer esto sientas algo en tu cuerpo que esté registrando lo que digo, quizá aprovechando esta oportunidad para informarte de algo que no habías notado hasta ahora. Si es tu caso, te invito a detenerte un momento para reconocerlo.

A principios de la década de 1980 no había mucha comprensión, ni menos aún investigación, para respaldar lo que estaba aprendiendo y experimentando. Simplemente sabía que era lo mejor para mí. Cuando finalmente me convertí en una de las primeras instructoras de terapia craneosacral en 1986, enseñábamos el trabajo junto con el doctor Upledger solo un reducido grupo de profesionales procedentes de muchas disciplinas.

Todos éramos muy competentes pero, hasta cierto punto, nos basábamos en la fe que teníamos en el doctor Upledger porque, aparte de sus libros de texto, aún no había investigación ni demasiada comprensión acerca del funcionamiento del hemisferio cerebral izquierdo. Y aunque él nos quería y nos apreciaba, no era el tipo de persona que se habría sentado con nosotros para resolver los detalles que aún no tuviéramos claros, preguntas del tipo: ¿cómo se explican de manera racional la inteligencia celular, la memoria tisular y la sabiduría corporal? Lo que nos impulsaba a seguir adelante eran los resultados, los avances clínicos que veíamos en nuestros clientes y estudiantes: la mujer que recuperó el sentido del olfato después de veinte años, tras una breve demostración de terapia craneosacral en la que liberó el paladar duro y el hueso etmoides el estudiante que recuperó la vista tras una liberación especialmente importante de su esfenoides durante una demostración el paciente cuya oclusión dental volvió a la normalidad en tres sesiones de terapia después de años de esfuerzo con aparatos dentales el cliente cuyo dolor de espalda había empeorado después de una cirugía, pero le desapareció en una sola sesión en su saco dural y el jugador de *lacrosse* adolescente al que un tratamiento le resolvió el dolor de cabeza que llevaba padeciendo tres días.

Luego estaba mi propia experiencia. Empecé a recibir tratamientos de terapia craneosacral poco después de aquel curso inicial, y mi dolor se fue liberando una capa tras otra. En 1987 desapareció el último de mis dolores en un programa intensivo de formación avanzada. Para mí eso fue definitivo. El doctor Upledger siempre hablaba de cómo la inteligencia de nuestras células es infinita y poderosa, pero el hecho de llevarme a casa la experiencia, en mi propio cuerpo, lo hizo irrefutable.

No me importaba lo que dijeran los demás. Sabía que la terapia craneosacral era eficaz para mí y sabía, sin lugar a dudas, que mis células albergaban una sabiduría que estaba esperando ser escuchada. Tenía una corroboración personal verdadera: las sensaciones que percibía en mí misma. Recurriendo a la sabiduría de mi cuerpo, mediante la escucha y el estar presente en mi corazón, abdomen, pelvis y huesos, busqué sanación y guía. Esto me llevó a desarrollar el programa *Healing from the Core* (HFC, «Sanación desde el interior») para poder compartir estos conocimientos y experiencias con los demás.

La experiencia de la presencia corporal plena

Mientras terminaba de escribir este libro, en el año 2017, era profesora residente en el Instituto Esalen en Big Sur (California). A pesar de que la fecha de entrega del manuscrito era inminente, recuerdo cómo la vida en todo su esplendor se despertaba y profundizaba en mí.

Puedo evocarlo como si fuera hoy. Cuando voy de mi pequeña yurta al albergue caminando con conciencia en mis piernas y pies, subiendo y bajando las empinadas colinas, atravesando el camino de tierra del jardín, hay momentos en los que el desfile de olores inunda mis fosas nasales. Me doy cuenta de que la vida está llena de ráfagas de experiencias gozosas que siento en todo mi cuerpo, pero sobre todo en mi corazón.

Al salir de mi yurta, lo primero que recibo es el olor de los eucaliptos que se yerguen en lo alto, seguidos por los arbustos de romero y, a continuación, por el hinojo silvestre. A lo largo de la curva percibo el aroma embriagador de los jazmines, que crecen sobre el muro del edificio de la lavandería, seguido del de las rosas y los guisantes dulces y alguno más que adoro, pero no sé identificar. Este simple paseo me llena el alma. Entro en el recinto del comedor con una sonrisa en la cara.

¡Y lo que estoy describiendo procede solamente de mi sentido del olfato! Puedo ampliar fácilmente esta experiencia. Se me eriza la piel al cruzar la estrecha pasarela de madera sobre el arroyo de agua viva y limpia que cae sobre las rocas y los árboles de camino al océano. En esta parte de mi paseo, mis oídos también se alimentan —no, más bien se empapan— de los sonidos suaves y fuertes de este movimiento claro y chispeante del agua. Esto reclama mi atención. Me recuerda la fluidez de mi pelvis y la pasión que siento por mi vida. Escucho y me lleno de los sonidos del agua viva en movimiento.

Luego está el escenario, que supera todo lo que he conocido en cualquier otro lugar. A cientos de metros por encima del océano, algunos días son grises y misteriosos, ocultos por la neblinosa capa marítima otros días son brillantes, salpicados de notas blancas. La inmensidad de esta vista es majestuosa y mágica. El espesor de la niebla que se arremolina, las puestas de sol de cada tarde, el momento en que el sol se abre paso por la mañana e ilumina las copas de los árboles... ¿Lo puedes ver? Doy gracias a mi mente y a mi cerebro, que me permiten percibir y poner en palabras la belleza de este mágico lugar.

Cuando dirijo la mirada a la tierra, hay color, textura y vida dondequiera que mire. Los jardines y los campos están cuidados con amor y son bellos sin artificio. Hay una belleza visual «de alta definición» incluso en la naturaleza salvaje de este lugar, tal vez por la combinación que se da entre la brisa del océano y la clara luz del sol.

Comparto todo esto, no para celebrar Esalen en particular, sino para subrayar que esta experiencia directa de vida puede ocurrir en cualquier lugar, cuando te abres a ella y estás plenamente presente en tu cuerpo en cada momento. Así es como podemos vivir si estamos despiertos: mente, cuerpo y espíritu. A esto se refería la cita de Joseph Campbell al inicio de este capítulo: «Creo que lo que buscamos es una experiencia de estar vivos, para que nuestras experiencias de vida en el plano puramente físico tengan resonancias con nuestro ser y realidad más íntimos, de modo que sintamos verdaderamente el arrebato de estar vivos».[1]

He tenido esta cita en un estante de mi oficina durante más de cuatro décadas. Ya entonces era un llamamiento a la sabiduría interna de mi cuerpo, antes de que yo tuviera una comprensión clara de la misma, y todavía me habla hoy.

Estoy muy agradecida por mi curación. Ya no soy la niña que quedó traumatizada porque sus padres la enviaron a la guardería demasiado pronto, ni la chica que iba a la iglesia sin estar presente en la parte inferior de su cuerpo, ni la adolescente en estado crónico de *shock* a causa de un ataque físico. Escuchar la sabiduría de mi cuerpo me ha sanado.

El «arrebato de estar vivos» no es algo que logremos, organicemos, nos propongamos o experimentemos todo el tiempo, pero podemos abrirnos a él, permitirlo y sostenerlo si adoptamos una presencia corporal plena.

La sabiduría del cuerpo puede ayudarte a sanar un trauma y a hacer posible el despertar de todas las células de tu cuerpo con más frecuencia y más profundidad.

No somos solo nuestro cuerpo y, sin embargo, nuestro cuerpo es el fundamento físico de nuestra experiencia de estar vivos en este increíble universo de energía que fluye, que puede nutrirnos, momento tras momento, día tras día, semana tras semana, con solo embarcarnos en él con curiosidad, conciencia y confianza.

12

Abrirse intencionadamente a la vida

Reto de 28 días

Al final del capítulo 10 he hablado acerca de vivir desde nuestra sabiduría corporal integrada, que es la que nos brinda información y se incrementa a medida que vivimos nuestra vida desde el increíble sistema de navegación de nuestro cuerpo. Por supuesto, somos más que nuestro cuerpo, pero nuestra sabiduría corporal es realmente el eslabón perdido para la mayoría de las personas hoy en día. Es el cimiento para muchas otras cosas.

Retomemos entonces la pregunta: ¿cuál es la relación que tienes actualmente con tu cuerpo? Tómate un momento para volver a hacer el «Test de inteligencia corporal» del capítulo 1 (ver páginas 27-29) y reflexiona sobre cómo has avanzado desde entonces.

¿Alguna de tus respuestas es diferente esta vez? ¿Tu paisaje interno empieza a enviar señales que puedas reconocer?

Es importante recordar que el cuerpo funciona de manera óptima cuando hay consenso entre todos sus componentes. Cada célula, cada parte de nuestro ser, está concebida para estar en buenas relaciones con las demás. Nuestra conciencia está concebida para colaborar con nuestro cuerpo. Esto implica amigarnos con todas las partes que lo componen, si alguna queda fuera de esta conversación se puede desencadenar un problema.

En este capítulo te invito a dedicarte cuatro semanas de prácticas para apoyar sistemáticamente tu crecimiento interior. Te propongo un proceso sencillo y estructurado que te permitirá sumergirte en tu paisaje interno de una manera más profunda. Una vez que las hayas leído, busca tiempo para comprometerte con ellas y ¡comienza!

El diario personal: un cómplice en tu proceso

Cuando realices estas prácticas, te sugiero que escribas un diario o que registres de alguna manera lo que va surgiendo a medida que avanzas. Se trata de una herramienta de un valor incalculable.

A menudo me preguntan por qué llevar un diario, qué podría aportar.

Llevar un diario te ofrece una ventana para asomarte a tu funcionamiento interno y descubrir cosas que quizá ni siquiera sabías que estaban ahí hasta que las palabras llegaron al papel.

Además, las investigaciones han demostrado que el simple proceso de identificar, reconocer y escribir acerca de tus experiencias reduce las hormonas del estrés, ayuda a la integración cerebral y puede iniciar el proceso de curación.

Escribir un diario es una oportunidad para acceder a una conciencia serena. Es una de las muchas prácticas que ayudan a filtrar el parloteo de nuestra mente y a escuchar la voz tranquila de nuestro interior.

Al leer las preguntas e indicaciones que encontrarás a continuación, anota todo lo que puedas recordar de tu experiencia. Escribe tan rápido como puedas, sin preocuparte de la ortografía ni de la puntuación. Solo deja que las palabras fluyan por el papel. Si te inspira más dibujar o colorear, adelante. Haz lo que tengas que hacer para registrar la experiencia de la forma más completa posible. Llevar un diario puede conducirte al descubrimiento. Respeta tu propio proceso a medida que vayas escribiendo. Puede que quieras tomarte un descanso y volver unos minutos después a leer tus palabras con los ojos más frescos.

Ten cerca tu diario o prepara algo para registrar tus palabras, pensamientos, imágenes y sensaciones cuando realices la exploración que encontrarás a continuación y responder a las siguientes preguntas.

Primera semana

Para la primera semana, te sugiero que conviertas en práctica diaria la Exploración N.º 1: «Despertando la conciencia» (ver páginas 84-88) y escribas en tu diario las respuestas a las tres preguntas que encontrarás más adelante.

Cuando lo hagas, recuerda los tres atributos fundamentales para tener una experiencia mucho más profunda: la curiosidad, la conciencia y la confianza, de los que hablamos en el capítulo 4. Todo lo que aparezca es simplemente información. Cultiva la curiosidad con respecto a lo que surja. Día tras día, tu experiencia irá expandiendo tu conciencia.

Por último, confía en lo que aparezca. No dejes que tu mente crítica interrumpa el flujo de tu conciencia en expansión. Tu paisaje interno puede brindarte valiosa y profunda información si le permites la entrada sin ponerle obstáculos.

A continuación te propongo una serie de preguntas (en letra cursiva) que pueden ayudarte a reflexionar mientras escuchas el audio de la exploración. Te invitan a sumergirte de manera más profunda en tu interior para evaluar dónde estás ahora, con el fin de planificar cómo proceder en adelante. Pregúntate:

¿Qué partes de mi cuerpo me gustan?
Estas son las zonas donde sientes mayor comodidad y conexión, donde te resulta más fácil percibir lo que se siente en los días buenos.

¿Qué partes me disgustan?
Puede que sientas que estas zonas te intentan rechazar, o te duelen, o están contraídas, o están reteniendo tensión. Tal vez las notes entumecidas o distantes, como si no estuvieran conectadas con el resto de tu cuerpo.

¿Qué partes necesito que me acompañen y no están actualmente en mi equipo?
Puede que estas partes coincidan totalmente con lo que te desagrada o con lo que rehúyes de tu cuerpo, pero puede haber sorpresas. Escucha con actitud abierta al descubrimiento: estos lugares pueden estar en importantes áreas de sabiduría o alrededor de ellas.

Por ejemplo, puede que te des cuenta de que tienes la garganta muy comprimida, lo que te hace enmudecer cuando quieres dar voz a tu corazón. O tal vez no puedas sentir nada dentro de la pelvis desde el punto de vista de las sensaciones. O puede que tengas tensión o dolor en el abdomen y eso te impida registrar con precisión los golpes instintivos del momento presente, esos tan necesarios para sentirte seguro sin estar en hipervigilancia.

A medida que vayas anotando en tu diario las respuestas a estas preguntas, es posible que surjan otros pensamientos, imágenes e intuiciones. Siéntete libre de plasmarlos como prefieras.

Segunda semana

Durante la segunda semana, realiza diariamente la Exploración N.º 2: «Proceso básico para habitar el cuerpo» (ver páginas 89-97). Esta práctica te permitirá recargar tu depósito de energía interna: el contenedor de tu cuerpo. Experimenta para descubrir cuál es el momento del día que más te conviene y el lugar en el que más te gusta practicar esta exploración.

A algunas personas les gusta empezar el día con ella, mientras que otras prefieren dormirse con ella al terminar el día. Incluso hay a quien le gusta cerrar la puerta de su oficina a la hora de comer y tomarse un descanso para realizarla.

Esta práctica es la piedra angular para habitar plenamente el cuerpo. Con el tiempo evolucionará, a medida que profundices en ella y te sientas más cómodo dentro de tu propia piel.

Una vez más, todo lo que surge no es más que información. Cultiva la curiosidad ante lo que aparezca. Mantén una actitud de apertura para descubrir nuevas sensaciones. Tu conciencia se despertará y ampliará día a día con esta exploración.

Como siempre, confía en lo que te vaya llegando sin juzgar tu experiencia. Y recuerda escribir en tu diario para reflexionar acerca de la valiosa información que vayas obteniendo.

Tercera semana

Después de dos semanas de práctica diaria, ya habrás adquirido una mejor idea del contenedor de tu ser, y seguramente te sientas cada vez más presente dentro de tu cuerpo y del campo energético que fluye a través de él y a su alrededor.

A estas alturas, sin duda sabrás en qué lugares te sientes desconectado, distante, con dolor, tenso o incómodo. Puede que en estas áreas te haya resultado más difícil absorber las sensaciones nutritivas y enriquecedoras del «Proceso básico para habitar el cuerpo». O puede que sean lugares nuevos que se están revelando de formas sorprendentes a medida que despiertas a una nueva conciencia interna.

Ahora estás preparado para la Exploración N.º 3: «Sanar la resistencia interna a la vida» (ver páginas 97-113). Una vez más, encuentra el momento más adecuado para ti. Durante una semana, escucha la exploración a diario o tan a menudo como te sea posible, y experimenta lo que surge en tu proceso de sanación e integración.

Escribe, dibuja o pinta tu experiencia en el diario. Tómate tu tiempo. Ralentiza el proceso si es necesario. Pero no pierdas el rumbo. Esta exploración proporciona herramientas poderosas y a la vez suaves para una sanación e integración más profundas.

Al tratar los problemas más triviales de la vida, es posible que el momento de revelación se produzca en una sola ronda de práctica. Con otros problemas, puede que sea necesario trabajar con ellos repetidamente durante una semana. Si has ido cargando tu mochila de traumas durante mucho tiempo, puede que tengas que retomar esta exploración a diario, para poder ir quitando y disolviendo las capas, de forma que puedas integrarlas. Hazlo a tu propio ritmo.

Igual que me ocurrió a mí con mi severo dolor crónico, puede que también tú necesites años de liberación y sanación. Sin embargo, si tomas una dirección sanadora y revitalizante, te sentirás cada vez mejor a medida que vayas soltando cada una de las capas y todo el proceso también se irá haciendo cada vez más fácil. Y la vida se enriquecerá cada vez más.

No te desanimes: estás cultivando una nueva relación con tu cuerpo, y también con tu mente y con tu espíritu. Ten paciencia y confía en que tu inteligencia celular está colaborando contigo. Confía en que tu sabiduría interna te guiará en la dirección y el ritmo adecuados para tu sanación.

Tú ya estás haciendo tu parte al estar presente, comprometiéndote a escuchar, con apertura y curiosidad, y respondiendo a la información profunda que surge de tu interior. Sé amable contigo mismo en este proceso. Quiérete tanto como puedas en este momento. Este amor, este autocuidado que abraza todo lo que eres, es el que te llevará de vuelta a casa, a ti mismo.

Cuarta semana

Esta semana es cuando se cosechan los beneficios del proceso de sanación que has experimentado durante tres semanas. Resérvate un tiempo para mantener una conversación aún más íntima con tu paisaje interno. Practica todos los días la exploración de «La sabiduría corporal integrada» (ver páginas 223-229) y escucha la información profunda que surja, sin dejar nada fuera. Plásmalo todo en tu diario, ya sea a través de sentimientos, imágenes, palabras, colores o texturas.

Si utilizas la exploración de «La sabiduría corporal integrada» cada día, contarás con más sabiduría e información profunda para cualquier decisión que tomes. La apertura al descubrimiento trae creatividad, sincronías mágicas y posibilidades infinitas a todas las áreas de tu vida.

Recuerda que realizas este trabajo para experimentar la vida con mayor plenitud. Se trata de disfrutar de más momentos de alegría, de conexiones más sanas y, al mismo tiempo, de ser capaz de sostener con amor y ternura aquellas áreas internas en las que todavía existe dolor, para seguir sanándolas poco a poco.

Hasta aquí he realizado una descripción de la estructura para alcanzar esta experiencia, pero el proceso depende de ti: ¿aceptas el reto?

Agradecimientos

Este libro se ha gestado durante diez años, a medida que desarrollaba y maduraba mi trabajo con el tacto sanador, el proceso de habitar el cuerpo y la resolución del trauma. En el proceso me han acompañado gran cantidad de queridos amigos y colegas entrañables, ya sea aportando sus propias historias, trabajando junto a mí o inspirándome. Espero poder honrar y recordar a todos ellos.

En primer lugar, quiero dar las gracias a Chery Owens, mi fiel revisora. También a Kim Falone y Robyn Scherr, que contribuyeron con algunos puntos clave al principio y al final de todo el proceso y por supuesto, a Rachel Abrams, que colaboró conmigo en el test de inteligencia corporal para nuestros dos libros, y a su esposo, mi maravilloso agente literario, Doug Abrams.

A continuación, a mis profesores de HFC (*Healing From the Core,* Sanación desde el interior), por creer incesantemente en el trabajo pionero que estábamos llevando a cabo juntos, así como a mi equipo de conferenciantes y profesionales de HFC, que se mantuvieron conmigo en las trincheras mientras dirigía los talleres donde nacieron y se pusieron a prueba estas ideas.

Quiero expresar mi agradecimiento también a quienes leyeron las primeras versiones o dedicaron su tiempo a contribuir con ideas o trabajo de edición: Debbie Behnfield, Valerie Bowman, Dorie Christman, Kelly Dorfman, Erica Eickhoff, Patrice Ficken, Chris Hendricks, Kate Mackinnon, y Joel Ying.

Estoy segura de que me olvido de alguien: he pedido y recibido ayuda de casi una población completa durante años. Gracias a todos, desde lo más profundo de mi corazón.

También debo dar las gracias a Michael Kern por confiar en mí y por darme a conocer a Dan Siegel, Stephen Porges, Peter Levine y Bessel van der Kolk, quienes me permitieron de forma muy amable y generosa entrar en su círculo íntimo para aprender y crecer con ellos.

Susan Harper y la difunta Emilie Conrad han sido mis mayores inspiraciones y mis mentoras en el área de habitar el cuerpo: dos mujeres generosas entregadas a explorar los límites de lo que somos como seres humanos, que me enseñaron a no tener miedo a esos límites.

John Matthew Upledger y todo el personal del Upledger Institute me han brindado un apoyo inmenso en mis cursos y en el trabajo que se describe en este libro. El ya fallecido doctor John Upledger y la terapia craneosacral son el fundamento de este trabajo, y les estoy inmensamente agradecida.

El espacio mágico del Esalen Institute y todo el personal que forma parte de él han sido de gran ayuda para mi trabajo a diferentes niveles, incluyendo el tiempo y el espacio que me ofrecieron para escribir los últimos capítulos de este libro en septiembre de 2016. ¡Gracias a todos!

No podría haber terminado este libro sin la dedicación de mi equipo administrativo de Healing from the Core, comenzando por Christy Allison, Lynn Foley, Sharon Desjarlais y Elizabeth Charles, todas ellas mujeres generosas con su tiempo, sus dones para la escritura y otros esfuerzos que realizan en mi nombre.

A continuación, quiero dar las gracias a todos los estudiantes y pacientes cuyas experiencias no solo han enriquecido mi vida, sino también estas páginas: en ellas perviven sus historias y las valiosas lecciones que me han enseñado.

Por último, la mayor expresión de gratitud es para los miembros de mi familia, que me han apoyado y animado a lo largo de todo este proceso: mi esposo Carlos, mi hija Alieza, mi hijo Aren, mi hermana Debbie y mi madre, Mary Jane, a quien dedico este libro. Todos me han ayudado de una forma u otra a que este libro viera la luz.

Los quiero mucho a todos.

Sobre la autora

Suzanne Scurlock-Durana es una de las principales autoridades mundiales en conciencia plena y su impacto transformador en el proceso de sanación. Fue una de las primeras personas en recibir las enseñanzas del doctor John E. Upledger, pionero de la terapia craneosacral. Suzanne sigue impartiendo cursos de terapia craneosacral y liberación somatoemocional para el Instituto Upledger en casi todos los continentes. También está certificada como masajista terapéutica.

Durante más de treinta años se ha dedicado a brindar a sus pacientes herramientas prácticas que les permitan recobrar la alegría para prevenir y superar el desgaste mental. Los entrena en el desarrollo de habilidades que ayudan a mejorar todos los aspectos de la vida, desde la salud y el bienestar hasta las relaciones, la creatividad, el desarrollo profesional e incluso el crecimiento empresarial.

Tras décadas de perfeccionamiento de sus métodos para despertar la sabiduría innata del cuerpo, Suzanne creó en 1994 el programa de formación integral Healing from the Core (HFC, «Sanación desde el interior»), que actualmente incluye una amplia selección de talleres internacionales, seminarios web, conferencias y programas de audio. Suzanne es experta en entrelazar mente, cuerpo y espíritu para crear un entorno único que fomente la sanación integral. Sus numerosas conferencias sirven de inspiración a profesionales de la salud, *coaches*, ejecutivos, madres y padres, integrantes de comunidades religiosas y todo tipo de personas para beneficiarse de estas valiosas herramientas que disuelven el estrés, el dolor, la angustia y la confusión. También ofrece formación continua para el desarrollo personal de los miembros del Instituto Esalen.

Suzanne es autora de cientos de artículos y tiene miles de lectores en su blog www.healingfromthecore.com/blog. Además, mantiene una consulta privada en Reston (Virginia), donde sus pacientes se benefician de las innovadoras técnicas que expone en este libro y en el anterior, *Full Body Presence: Learning to Listen to Your Body's Wisdom* (Presencia corporal plena: Aprende a escuchar la sabiduría de tu cuerpo).

Más información en www.healingfromthecore.com.

Listado de audios

Exploración N.° 1: Despertando la conciencia, p. 84
Exploración N.° 2: Proceso básico para habitar el cuerpo, p. 89
Exploración N.° 3: Sanar la resistencia interna a la vida, p. 97
Exploración N.° 4: La sabiduría del corazón, p. 137
Exploración N.° 5: La sabiduría del instinto visceral, p. 162
Exploración N.° 6: La sabiduría de la conexión pelvis-corazón, p. 177
Exploración N.° 7: La sabiduría de las piernas y los pies, p. 191
Exploración N.° 8: La sabiduría de los huesos, p. 206
Exploración N.° 9: La sabiduría corporal integrada, p. 223

Conceptos clave

Arraigo. La capacidad de conectarse a través de los sentidos con la tierra bajo nuestros pies o con cualquier otro recurso energético saludable. La presencia corporal completa se enfoca en este arraigo, en la conexión con los aquellos recursos que son beneficiosos para nuestra salud.

Contenedor. Se trata de una metáfora para representar el cuerpo, que ofrece una idea de fronteras personales: dónde terminas tú y comienza el resto del mundo. Tu campo energético y todo aquello de lo que se compone tu cuerpo reside, de forma natural, en tu «contenedor».

Paisaje interno. Describe tu mundo interno e incluye las sensaciones, las imágenes, las emociones, los mensajes y las pistas sutiles que informan y desarrollan la inteligencia innata del cuerpo.

Presencia corporal plena. Se trata de la capacidad de sentir todas las partes de tu cuerpo al tiempo que percibes cómo fluye y se mueve a través de ti una energía saludable. Una presencia corporal completa es el cimiento para una presencia terapéutica fuerte.

Sabiduría corporal. Es el estado en el cual tu energía fluye y se integra por todo tu cuerpo, permitiendo que tu sistema de navegación interno esté disponible y sea fácilmente accesible para tomar decisiones acertadas. También se la conoce como «presencia corporal plena».

Sistema de navegación. Es una metáfora que se utiliza en el libro para representar la capacidad natural del cuerpo para discernir y rastrear lo que está sucediendo interna y externamente. A partir de la información recibida a través del sistema de navegación del cuerpo, podemos tomar decisiones más conscientes, inteligentes e informadas, actuando en nuestras vidas o «navegando» desde nuestro interior.

Áreas de sabiduría del cuerpo

La sabiduría del corazón abarca la zona que comprende el órgano físico del corazón y todos los órganos y tejidos vecinos (sistema nervioso, cardiovascular, linfático, etc.) que se encuentran entre los hombros y el diafragma, de frente a atrás y de lado a lado. Hablamos del corazón como el hogar de la inspiración más profunda del alma: aquello que nos corresponde hacer en el mundo.

La sabiduría del área abdominal abarca los órganos, tejidos y músculos debajo del diafragma y hasta la zona umbilical, de frente a atrás y de lado a lado. Esta región es el hogar de nuestro conocimiento instintivo, que nos informa sobre cuando algo es correcto y va bien, o cuando algo va mal y es incorrecto en relación a una persona o situación en el momento presente.

La sabiduría de la pelvis comprende los órganos, tejidos y músculos debajo del ombligo, que descansan dentro de los huesos de la pelvis, de frente a atrás y de lado a lado. Hablamos de la pelvis como el motor del cuerpo ya que proporciona la energía vital que alimenta y apoya todo esfuerzo en las demás áreas de nuestro sistema.

La sabiduría de los huesos reside en todos los huesos del cuerpo, desde el periostio del hueso hasta el núcleo mismo de la médula ósea. Nos referimos a los huesos como nuestro santuario interno ya que son la forma más robusta de tejido conectivo en el cuerpo y uno que reside profundamente dentro.

La sabiduría de las piernas y los pies se extiende desde la pelvis hasta los pies y hablamos de ella como el área de sabiduría que activa nuestras inspiraciones, nos arraiga y ayuda a digerir y procesar cuestiones complejas mediante el movimiento.

La sabiduría del cerebro integrado se encuentra dentro del cráneo, recibiendo señales e información de todas las otras áreas de sabiduría del cuerpo y creando de una manera más sabia estrategias y mapas para vivir de manera integrada y plena.

Recursos

Recupera tu cuerpo está lleno de recursos e ideas que te pueden resultar útiles. En la sección de Notas se enumeran los libros, las charlas TED y las investigaciones que he consultado para escribirlo. Además, en www.healingfrom thecore.com encontrarás muchos más recursos que te pueden ayudar en tu camino de crecimiento personal.

Para mantenerte al día de todas las novedades, puedes suscribirte al boletín de noticias en línea, así como a mi blog, *Presence Matters*. También puedes asistir a un curso de «Presencia corporal completa» y experimentar este trabajo en un grupo de apoyo seguro.

Dar el primer paso depende de ti... ¡Que lo disfrutes!

Para comentar tu experiencia con este libro, puedes visitar los sitios web indicados anteriormente o contactarnos por cualquiera de los medios que se indican a continuación.

Healing from the Core® Media
PO Box 2534
Reston, VA 20195-2534
office@healingfromthecore.com

Notas

CAPÍTULO I. LAS RESPUESTAS SE ENCUENTRAN EN EL INTERIOR. COMIENZA EL VIAJE

1. VAN DER KOLK, B., *El cuerpo lleva la cuenta: cerebro, mente y cuerpo en la superación del trauma*, Eleftheria, Barcelona, 2015.
2. LEVINE, P., *En una voz no hablada: Cómo el cuerpo se libera del trauma y restaura su bienestar*, Gaia, Madrid, 2021.
3. PORGES, S. W., *La teoría polivagal: fundamentos neurofisiológicos de las emociones, el apego, la comunicación y la autorregulación*, Pléyades, Madrid, 2017.
4. *Ibid.*
5. LEVINE, P., *op. cit.*
6. BREWER, J., *A Simple Way to Break a Bad Habit*, charla TEDMED, noviembre de 2015, https://www.ted.com/talks/judson_brewer_a_simple_way_to_break_a_bad_habit?language=es. Esta charla está basada en: BREWER, J., y PBERT, L., «Mindfulness: An Emerging Treatment for Smoking and Other Addictions?», en *Journal of Family Medicine* 2, n.º 4, 3 de septiembre de 2015, entre otras publicaciones.

CAPÍTULO 2. LOS CINCO MITOS SOBRE EL CUERPO. CALLE-JONES SIN SALIDA QUE ENTORPECEN EL CAMINO

1. LEVINE, P., *Curar el trauma*, Urano, Madrid, 1999. En este libro se describen la respuesta primaria del cuerpo al trauma y su liberación como un temblor que se desata a medida que el sistema pasa de la congelación a un movimiento saludable.

2. PORGES, S. W., *op. cit.* Porges examina detenidamente el poder de las conexiones sanas y cómo estas promueven la sensación de seguridad que a su vez permite que se produzca la curación.

3. CONRAD, E., *Life on Land: The Story of Continuum, the World-Renowned Self-Discovery and Movement Method*, North Atlantic Books, Berkeley, CA, 2007.

4. SIEGEL, D. J., *Guía de bolsillo de neurobiología interpersonal. Un manual integrativo de la mente*, Eleftheria, Barcelona, 2016.

5. La investigación sobre el sistema nervioso entérico incluye: HADHAZY, A., «Think Twice: How the Gut's 'Second Brain' Influences Mood and Well-Being», en *Scientific American*, www.scientifica merican.com/arti cle/gut-second-brain (12 de febrero de 2010)

GADYE, L., «The Second Brain: The Science of the Gut Continues to Make Good on its Promise to Aid in the Understanding and Treatment of Mental Disorders and Beyond», en *Berkeley Science Review* (30 de diciembre de 2013) y PASHRICHA, J., «The Brain-Gut Connection», Johns Hopkins Medicine, www.hopkinsmedicine. org/health/healthy_aging/healthy_body/the-brain-gut-connection.

6. Para la investigación sobre la capacidad humana de percibir e intuir cierta información antes de que el ojo pueda verla, o antes de que pueda ser percibida de cualquier otra manera, ver SHELDRAKE, R., *The Sense of Being Stared At*, Park Street Press, Rochester, VT, 2013 y McCRATY, R., *The Science of the Heart, Exploring the Role of the Heart in Human Performance*, HeartMath, Boulder Creek, CA, 2015.

7. UPLEDGER, J. E., *Liberación somatoemocional*, Paidotribo, Barcelona, 2010.

CAPÍTULO 3. LOS RASGOS DISTINTIVOS DE UNA SALUD ÓPTIMA. CÓMO ENCONTRAR EL CAMINO A CASA

1. Van der Kolk, B., *op. cit.*, pp. 155-168.

2. Centers for Disease Control and Prevention, «CDC-Kaiser Permanente Adverse Childhood Experiences (ACE) Study», https://www.cdc.gov/violenceprevention/acestudy/about.html [visitada el 15 de septiembre de 2016].

3. Burke Harris, N., *How Childhood Trauma Affects Health Across a Lifetime*, charla TEDMED, septiembre de 2014, https://www.ted.com/talks/nadine_burke_harris_how_childhood_trauma_affects_health_across_a_lifetime.

4. Kardiner, A., *The Traumatic Neuroses of War* (1941), citado en Van der Kolk, B., *op. cit.*, p. 11.

5. Maté, G., *Cuando el cuerpo dice NO: La conexión entre el estrés y la enfermedad*, Gaia, Madrid, 2020.

6. Stephen Porges profundiza en su teoría polivagal acerca del nervio vago y cómo este lo controla todo, desde las glándulas salivales hasta el recto, cuando hay una sensación de peligro o una sensación de amor y seguridad. Ver Porges, S., *op. cit.*

7. Montagu, A., *El tacto: La importancia de la piel en las relaciones humanas*, Paidós, Barcelona, 2016.

8. Van der Kolk, B., *Forward*, citado en Levine, P. A., *Trauma y memoria: Cerebro y cuerpo en busca del pasado vivo*, Eleftheria, 2018.

CAPÍTULO 5. TU CORAZÓN. EL DON DE LA INSPIRACIÓN

1. Childre, D. L., *The HeartMath Solution: The Institute of HeartMath's Revolutionary Program for Engaging the Power of the Heart's Intelligence*, HarperCollins, New York, 1999 y McCraty, R., *op. cit.* En el sitio web de HeartMath se pueden encontrar muchas más investigaciones: www.heartmath.com/research [visitada el 30 de septiembre de 2016].

CAPÍTULO 6. TU ABDOMEN.
EL DON DE LA SABIDURÍA INSTINTIVA

1. DE BECKER, G., *El valor del miedo. Señales de alarma que nos protegen de la violencia*, Urano, Madrid, 1999.
2. MAYER, E., *The Mysterious Origins of Gut Feelings*, TEDxUCLA, julio de 2015, http://tedxtalks.ted.com/video/The-mysterious-origins-of-gut-feeling.
3. En investigaciones recientes se ha descubierto que el área de la corteza prefrontal del cerebro actúa como una oficina de triaje interna, que toma los datos sensoriales entrantes y la información del cuerpo y los utiliza para tomar decisiones vitales más sabias.
4. Para más información sobre experiencia somática, ver los libros de Peter A. Levine.
5. HARVARD MEDICAL SCHOOL, *Exercise and Depression*, Harvard Health Publications, junio de 2009, http://www.health.harvard.edu/mind-and-mood/exercise-and-depression-report-excerpt [visitada el 30 de septiembre de 2016]. Ver también LEVINE, J. A., «What Are the Risks of Sitting Too Much?» *Mayo Clinic*, www.mayoclinic.org/healthy-lifestyle/adult-health/expert-answers/sitting/faq-20058005.
6. BREWER, J., *op. cit.*

CAPÍTULO 7. TU PELVIS. EL DON DEL PODER

1. WOLF, N., *Vagina: Una nueva biografía de la sexualidad femenina*, Kairós, Madrid, 2014.
2. *Ibid.*, pp. 87-126.

CAPÍTULO 8. TUS PIERNAS Y TUS PIES.
EL DON DEL MOVIMIENTO

1. Para saber más acerca del programa Brain Gym visita www.braingym.org.

2. HARVARD MEDICAL SCHOOL, *op. cit.*

3. BRADEN, G., *Resiliencia desde el corazón*, Sirio, Málaga, 2018.

4. OPPEZZO, M., y SCHWARTZ, D. L., «Give Your Ideas Some Legs: The Positive Effect of Walking on Creative Thinking», *Journal of Experimental Psychology: Learning, Memory and Cognition* 40, n.º 4 (julio de 2014), DOI: 10.1037/a0036577.

CAPÍTULO 10. TU CEREBRO.
LOS DONES DE UN SISTEMA INTEGRADO

1. La anatomía y la función de la corteza prefrontal se analizan a fondo en: SIEGEL, D. J., *op. cit.* Davidson, R. J., y BEGLEY, S., *El perfil emocional de tu cerebro*, Destino, Barcelona, 2012 y DAVIDSON, R. J., *Mind: A Journey to the Heart of Being Human*, W. W. Norton & Co., New York, 2016.

2. La siguiente información se ha extraído del trabajo del doctor Dan Siegel, Richard Davidson y Sharon Begley ver la nota 1, más arriba.

3. SIEGEL, D. J., *op. cit.*

4. Ver: DAVIDSON, R. J., *op. cit.* ORNSTEIN, R., *The Right Mind: A Cutting Edge Picture of How the Two Sides of the Brain Work*, Harcourt Brace & Co., Orlando, FL, 1997 SAPOLSKY, R. M., *¿Por qué las cebras no tienen úlcera?: La guía del estrés*, Alianza, Madrid, 2008 y FEHMI, L., y ROBBINS, J., *The Open-Focus Brain: Harnessing the Power of Attention to Heal Mind and Body*, Trumpeter Books, Boston, MA, 2007.

CAPÍTULO 11. VIVIR EN TODAS NUESTRAS CÉLULAS.
LA VIDA TE ESTÁ ESPERANDO

1. CAMPBELL, J., *El poder del mito*, Capitán Swing, Madrid, 2016.

Índice analítico